I0102016

IL GRANDE DUBBIO DEL MASCHILISTA MONDIALE 100%

Salvatore Marino

Youcnaprint *Self-Publishing*

Titolo | Il grande dubbio del maschilista mondiale 100%
Autore | Salvatore Marino
Immagine di copertina a cura dell'autore
ISBN | 978-88-91192-08-0

Youcanprint Self-Publishing
Via Roma, 73 - 73039 Tricase (LE) - Italy
www.youcanprint.it
info@youcanprint.it
Facebook: facebook.com/youcanprint.it
Twitter: twitter.com/youcanprintit

INDICE

GIGI SABANI con l'autore, Ballerino in "PREMIATISSIMA 83"

NOTE BIOGRAFICHE DELL'AUTORE

Il Marino, trapiantatosi in Abruzzo (Chieti Scalo), é di origine siciliana. Ha iniziato la sua attività di scrittore giovanissimo, ancora studente. D'indole gioviale e aperta ama l'onestà e la correttezza, e la sua multiforme potenzialità nel campo dell'arte lo ha portato a scrivere alcune commedie teatrali e televisive di prossima realizzazione. Amante pure della danza, si é impegnato in questa attività di ballerino professionista di buon livello in trasmissioni RAI e CANALE 5.
 Profondamente colpito dall'esperienza vissuta con e per il tanto amato fratellino, ha sentito ben presto ribollirsi dentro la rabbia e, la disperazione propria dell'uomo d fronte al male.
Il "GRANDE DUBBIO" raccoglie questi sentimenti e momenti sconvolgenti creandone una storia altrettanto sconvolgente e per questo molto interessante, umana e toccante. Il libro, inoltre, é stato generalmente apprezzato da autorevoli personalità del campo cinematografico, artistico e letterario, per i cui giudizi si rimanda alla recensione che segue (una delle tante).

...da il "CASTELLO" di Giovanni Jovine

E' un affascinante studio di psicologia, condotto dallo autore (che é quasi uno specialista in questo campo), sulla trama della vita tragicamente travagliata di un handicappato che, emarginato dagli altri, si rinserra in se stesso, e si dedica allo studio introspettivo ed a quello scientifico della medicina, e particolarmente della ipofisi pituitaria (ghiandola che presiede allo sviluppo del corpo umano, e che é stata la causa unica della sua crescita deforme e nanoide) nella speranza di poter fare qualcosa per se stesso. In questo travaglio di vita interiore, la sua scienza lo induce a vendicarsi, uno per tutti, contro un suo cx compagno di scuola, quello che in fanciullezza più lo perseguitò e derise; ed a costui, che si é rivolto a lui per essere curato di una semplice bronchite cronica, egli inietta un estratto di ipofisi, che fa diventare mongoloide il paziente, e lo porta a fulminea morte. Egli allora non resiste al rimorso

5

di coscienza, e, dopo aver sistemato le proprie cose, si auto-denuncia autore di quella che non fu una morte naturale, ma un delitto; ed al termine del dibattito processuale davanti ai giudici, racconta la sua vita passata e l'evoluzione interiore, non per difendersi e volere commiserare i giudici, ma soltanto per far conoscere agli altri il mondo superiore di una vita al di la della reale, che lui ed un amico, sventurato al pari di lui, hanno intravisto in uno studio che hanno trascritto ed al quale hanno per l'appunto dato il titolo di "Il grande dubbio".

Il romanzo é condotto bene, é avvincente e suscita la curiosità e l'interesse del lettore, soprattutto per la esattezza scientifica della materia trattata.

SALVATORE MARINO
IL GRANDE IL DUBBIO

Dedico questo libro a tutti gli uomini, ed in particolare agli handicappati ed al mio amato fratello Ivano che é stato lo spunto principale della mia realizzazione letteraria.

SALVATORE MARINO
SALVATORE MARINO
IL GRANDE DUBBIO
IL GRANDE DUBBIO

INTRODUZIONE

La conoscenza dell'uomo è quel processo mentale che fornisce all'individuo la consapevolezza di una qualsivoglia realtà. Essa implica necessariamente l'esecuzione personale di una verifica, ossia di una constatazione realizzata secondo mezzi umani quali il tatto, la vista e la deduzione logica conseguente ad un 'ottica concreta e pratica, ma soprattutto oggettiva. Tutte le forme di cognizione create con mezzi differenti da quelli sopra citati, vengono a mistificare la realtà comune dell'uomo fornendo ad esso teorie dubbiose e credenze del tutto infondate. È il caso delle superstizioni, delle ideologie religiose, delle congetture metafisiche, insomma di tutti quei falsi processi di consapevolezza dovuti a quella grande e nociva espressione maligna che è l'irrealtà, l'ipotesi, l'illusione, l'immaginazione e la presunzione.

Ai nostri occhi il Tutto, cioè l'Universo, appare formato da due parti essenziali: il CONCRETO e l'INCONCRETO. Diciamo che la prima parte è, in sostanza, ciò che riusciamo a vedere, a conoscere e a sperimentare. La seconda invece, l'inconcreto, è tutto quello che sfugge alla nostra ottica; quel qualcosa che riusciamo, perciò, solamente a ipotizzare. E come dire che la prima parte è di competenza umana mentre la seconda appartiene a quella suprema Realtà Assoluta responsabile della creazione universale. Ovviamente, la non conoscenza del campo dell'inconcreto crea in noi un invalicabile limite; un limite notevolmente importante che conserva per l'uomo innumerevoli significati ed influenze. Ma è proprio la conoscenza di confine che rappresenta quell'altissimo grado di consapevolezza da cui ha origine la fondamentale e benefica umiltà degli esseri. Il concreto è in pratica il mondo umano, terrestre, quella specie di stanza chiusa oltre la quale allignano supposizioni e vaghezze, oltre che vuoto e dispersione: l'inconcreto.

A tal riguardo, possiamo fare l'esempio di una palla di legno con tanti buchi che rappresenta il nostro scibile, il campo del concreto. I buchi stanno a significare l'inconcreto, ossia i vari pezzi mancanti per la conoscenza globale della vera e grande Realtà Assoluta dell'Universo.

Gli eventuali apporti di verità, ovvero lo scoprire realtà riguardanti l'inconcreto, vengono rappresentati da tappi che potrebbero chiudere alcuni o tutti i fori della palla. Supponiamo, inoltre, che la vera verità si identifichi, in termini di palla e di tappi, con il materiale legnoso giacché anche la palla è di legno e costituisce, come abbiamo visto, la cognizione parziale ma veritiera e sperimentabile del concreto. Ora accade, però, che i tappi adoperati dalle persone nel tentativo di chiudere i buchi della conoscenza umana, possono essere come possono non essere di legno e, in tal caso, non effettivamente veri. Può essere, infatti, che detti tappi siano di materiale diverso dal legno, cioè si può erroneamente creare attorno ai misteri universali una teoria ed una logica diverse da quelle reali.

C'è gente, appunto, particolarmente predisposta che s'impegna duramente con la propria mente per cercare di spiegare anche l'inspiegabile. Per questo, tali soggetti si creano teorie più o meno elaborate intese ad eliminare alcuni o tutti i punti interrogativi ditale umana lacuna cognitiva. È probabile anche che le loro rispettive teorie siano esatte, o meglio, che i tappi da loro usati siano davvero di legno. Ma questo essi non potranno mai provarlo.

Insomma, rimane i/fatto che il limite dell'uomo resta e resterà sempre perché, anche se lui riesce effettivamente a chiudere tutti i buchi della palla, non potrà mai verificare la validità della sua teoria agli occhi di quella vera ed unica Realtà che tutto comprende. Egli può soltanto con vincersene personalmente secondo una propria realtà supposta, ma continuerà in vano a chiedersi, seppur minimamente, se ciò che ha dedotto è vero e inoppugnabile.

I nomi convenzionali che possono definire le due parti essenziali, concreto ed inconcreto, sono vari e diversi: conoscibile ed inconoscibile, realtà terrena e ultraterrena, uomo e dio, uomo e Natura, finito ed infinito, fisica e metafisica, noto ed ignoto etc. Mentre il Tutto, cioè l'unione delle due componenti, può essere inteso come natura, come universo, come dio, e via dicendo. Insomma, è del tutto soggettiva ed arbitraria l'interpretazione e la denominazione dei concetti anzidetti.

Salvatore Marino

TRIBUNALI DI ROSTO(K
(Germania, 1962

Giudice: «l'imputato si alzi e dica tutto ciò che ha da dire in sua difesa».

L'imputato si alzò lentamente, osservando il giudice. Il suo sguardo assente lasciava palesemente intuire quanto profondi e vasti fossero i suoi pensieri e, dunque, quanto oscuro e fitto fosse ancora il filo della sua memoria. D'un tratto si rese conto della particolare importanza che assumevano le sue imminenti parole e della necessità personale di trasferire nelle altrui menti il significato profondo della sua esistenza. Il compito però si mostrava doppiamente arduo, sia a causa dell'evidente complessità della sua storia che per la connessa impossibilità di svuotarla di quei contenuti emozionali, sentimentali e spirituali che ne costituivano invece la radice primaria. Egli si poneva, così. il problema di come fare per rendere sufficientemente partecipi quei signori lì presenti dal momento che erano concettualmente situati, con molte probabilità, al suo esatto opposto e contrario. D'altro canto pensava, non senza una punta d'asprezza, che ora trovavasi in quell'infido luogo proprio a causa dell'ottusità e dell'ignoranza che caratterizza, purtroppo, la maggior parte della gente. Un vizioso circolo di pensieri che, gira e rigira, lo riportava nuovamente a questo bruciante punto di partenza, e che non poteva perciò eludere o ignorare. Tanta generica diffidenza verso l'umanità tutta gli era derivata non già da semplici ed astratte sensazioni preconcette, bensì da una realtà assai dura e greve che di tante ferite gli aveva trapunto il cuore. Dopo queste amare considerazioni guardò ancora distrattamente il giudice e gli aridi volti di tutte quelle persone attorno a sé. Poi la mente gli s'annebbiò all'improvviso finché egli non vide altro che il vuoto. A questo punto, un beatificante silenzio s'insinuò nel turbinoso corso dei suoi pensieri, allontanandone ogni rumore, ogni brusio ed ogni attuale alone di realtà. Si trovò, allora, completamente proiettato al di là di quel luogo, di quel tempo e di quel vuoto, dopodiché cominciò a parlare:

«io, Mark Silbermann, prima di consegnarmi alla sentenza di questa legge, voglio raccontarvi per filo e per segno la mia vi-

ta. Con ciò dico che non mi limiterò ad una sterile enuncia-
zione di fatti ed avvenimenti, quelli per il cui giudizio siete qui
riuniti, ma vi esporrò una narrazione del tutto rigorosa e vera
che segua con fedeltà estrema la complessa globalità della
mia esistenza. Questo perché, o signori, ho sempre vissuto
una vita di sostanza anziché di forma, una vita senza dubbio
più sacrificante ma nello stesso tempo anche più completa.
Dovete sapere, inoltre, che non è mia intenzione trovare atte-
nuanti per il mio reato, ma che desidero unicamente farvi
comprendere che la responsabilità di cui siete ora investiti
non è tanto di carattere giuridico quanto piuttosto umano. Do-
vrete cioè analizzare le cose non col consueto metro della
superficialità, bensì con uno assai più obiettivo e autentico
che scrupolosamente scavi dietro allo specifico reato».
L'eco di queste parole si propagò cupo nell'aula, rimbalzando
e toccando ogni cosa esistente. Ciò creò un'atmosfera insolita che si trasformò ben presto in una sorta di gelida attesa e
di ansimante curiosità. Sguardi incitanti e febbrili si levarono
in coro verso di lui, e Mark infatti così proseguì:
«mio padre, Henri Silbermann, farmacista, e mia madre, Mar-
ta, conducevano una vita alquanto semplice ed equilibrata in
una modesta dimora di Wismar, un piccolo centro tra Amburgo e Rostock. Poi, il 17 marzo 1903, venni alla luce io e indubbiamente questo fu un avvenimento decisivo per il loro futuro.
Innocua si mostrava la vita nei miei confronti durante i primi
otto anni, anche perché non ero ancora in grado di valutare e
capire l'intera, drammatica, portata della realtà in cui trovavo
e cosa mi si prospettava per gli anni a venire. Solo adesso
posso rendermi conto che quegli anni spensierati erano invece l'inizio di una lunga e difficile lotta contro un mostro crudele e sconosciuto. Allora, le normali esigenze della puerizia mi
inducevano a ricercare nel mondo dei giochi il diletto e la
soddisfazione necessaria dello scoprire sempre cose nuove.
Ma ecco che, intanto, si andava delineando in me una sorta
di anomalia fisica: il mio corpo rendeva evidente una indifferenza alla crescita, il che era palesemente inconsueto per un
bambino di quell'età. E tale evidenza, purtroppo, sembrava
ingiustamente impormi una diversa e amara realtà di esisten-

za. Perché proprio a me stava accadendo una simile sconcertante esperienza, e chissà quante realtà misteriose e quanti
ingiusti significati essa racchiudeva? Così, ombre oscure ed
inquietanti cominciarono a contrapporsi a quel mio innocente
candore, mentre la normale figura di uomo s'andava mutan-
do. inevitabile, quindi, che quel progressivo aggravarsi del
mio stato insinuasse nei miei genitori un atroce sospetto:
quello, cioè, ch'io fossi affetto da un incurabile morbo. Mio
padre già abbozzava una sua diagnosi della malattia, giacché
era professionalmente avviato nell'indirizzo medico. Comunque, per il momento, ai miei cari familiari rimaneva pur sempre un dubbio e, quindi, una certa speranza.
Tale struggente paura, inoltre, era accompagnata da un altro
preoccupante interrogativo: fino a quando sarebbe durata in
me quella salutare incoscienza infantile e, alla sua cessazio-
ne, quali proporzioni avrebbe assunto il tormento dell'animo
mio? Domande alle quali, ohimé, solamente il successivo tra-
scorrere del tempo avrebbe potuto rispondere, per cui ai miei
cari non rimaneva altro da fare che indagare sulla vera identità del mio male e... sperare. Già, la speranza! Ecco un'altra
cosa da scoprire, da approfondire. In ogni oscuro momento
della sua esistenza l'uomo trova in essa un estremo appiglio,
di misteriosa natura, al quale aggrapparsi e sostenersi proprio
quando, invece, una forza opposta tenderebbe a sommerger-
lo e sopraffarlo. Da cosa trae dunque origine la speranza se
non da quel supremo istinto alla vita che ogni essere umano
possiede? Considerazione, questa, apparentemente semplice
e normale ma in realtà, ditemi, quanti di voi le hanno sinora
dedicato un solo minuto di riflessione? Certamente pochi.
Probabilmente molti di voi soltanto adesso, in questa sede,
stanno avvertendo una qualche curiosità nell'addentrarsi ana-
liticamente in tale argomento, o forse alcuni, rimanendo del
tutto insensibili, si limitano a sopportare un povero matto. Ebbene, signori, non m'importa nulla di passare per folle. Ciò
che mi interessa, invece, più d'ogni cosa, è il farvi raggiungere quel più alto grado di consapevolezza che tutti gli uomini
dovrebbero possedere. Pertanto, vi prego di scusare tale indispensabile divagazione e di offrirmi un po di pazienza onde
integralmente seguire questa mia storia.

Allora, dicevo, la speranza...

Una sera mio padre rincasò con un viso che rendeva leggibile la gioia. Con una voce piena di concitata partecipazione ci informò di aver parlato con alcuni suoi amici i quali gli avevano suggerito di farmi visitare da un certo Neuberg, un bravo medico di Rostock. Inoltre, essi avevano provveduto a rincuorarlo un po' dicendogli che non era il caso di preoccuparsi tanto poiché, a loro avviso, la mia situazione era del tutto rimediabile. Insomma, tali confortanti parole avevano riacceso in lui la speranza ch'io potessi percorrere una traiettoria normale nella mia vita, e quel suo precedente scetticismo sulla mia guarigione era sensibilmente regredito. Così, senza perdere dell'altro preziosissimo tempo, decidemmo di partire l'indomani Stesso per Rostock.

Io, sebbene ignaro dei veri motivi di quel viaggio, avvertivo nell'aria stessa che respiravo un pervadente clima di ansiosa trepidazione. I miei genitori erano come impazienti di qualcosa che, evidentemente, doveva ancora accadere ma sulla quale avevano chiaramente riposto ogni loro segreta speranza, per cui quel tragitto in realtà breve sembrò interminabile.

Finalmente giungemmo in città e, dopo aver chiesto informazioni ai passanti, trovammo lo studio del dottor Neuberg. Questo si ergeva su di una verdeggiante collina alla periferia di Rostock. Subito vi accedemmo e il dottore, un tipo alquanto imponente e sicuro di sé, ci accolse nel suo laboratorio, poi iniziò ad esaminarmi. Alla fine di una visita inaspettatamente breve, Neuberg espresse la sua diagnosi sulla malattia: disse, precisamente, che non era il caso di preoccuparsi perché lo sviluppo si sarebbe regolarizzato in seguito, non appena qualche fattore inibitore sarebbe regredito spontaneamente, senza il ricorso ad alcun intervento medico. Vidi, in quegli istanti, il volto di mio padre e di mia madre irradiarsi splendidamente d'una luce improvvisa. Essi mi rivolsero un comune, possente sorriso al fine di farmi capire, nonostante la mia tenera età, quanto grande e benefica è la speranza fondata e quanto ancora più grande era il loro affetto nei miei confronti. Fu come se la robustezza dei loro sentimenti penetrasse in me vincendo ogni inconsapevole resistenza, scavalcando l'ostacolo della mia limitata sensibilità di bambino.

Dopo il piacevole colloquio con il medico ci apprestammo a lasciare il laboratorio e ci incamminammo verso la stazione ferroviaria della città. Salimmo sul treno verso l'ora del tramonto e diii a poco iniziò il viaggio per Wismar. Ben diversa fu l'atmosfera che caratterizzò quel ritorno. Non più paura né ansia palpavo, bensì una indescrivibile sensazione di allegria e di felicità. Ricordo in particolare mia madre volgere continui sguardi al cielo come per ringraziare qualcuno che lì abitava, come per dire a costui grazie per averci rimesso nella giusta traiettoria di vita. Insomma, l'esperienza di quella giornata sembrò essere stata del tutto positiva e con il ritorno a casa riprese il ritmo di tutti i giorni: di nuovo c'era solo la speranza che la mia condizione fisica sarebbe migliorata col passare del tempo.

Intanto, la mia malformazione forniva ai compagni motivo di motteggio e di burla, il che pregiudicava la mia partecipazione alle attività diversive. Furono molti gli episodi che mi videro deriso e frustrato, ma quello del pupazzo di neve non lo dimenticherò mai. Rammento perfettamente che quella mattina Wismar si era svegliata sotto una densa coltre di neve e per tutti i bambini fu questa la consueta occasione di gioiosa festosità. Anche per me fu così, naturalmente, ragion per cui mi precipitai immediatamente giù in strada a giocare. Lì incontrai alcuni amici che già correvano e ridevano in mezzo a tanto chiaro splendore, riempiendo e infrangendo quel silenzio ovattato col loro divertito e irrefrenabile vociare.

Anche quella volta, come nelle precedenti occasioni, io fui ben contento di unirmi a loro giacché comune e intenso era il nostro senso di spontanea gaiezza. Ad un certo punto qualcuno propose di giocare a fare i pupazzi di neve. Da lì venne fuori l'idea di una specie di gara da effettuarsi tra noi, nel senso che il pupazzo più bello e perfettamente riuscito avrebbe fatto conquistare al suo costruttore l'appellativo di più bravo e più abile degli altri.

Con ingenua passione partecipai a quella simpatica competizione, e per non so quanto tempo non pensai e non vidi altro che il mio bianco cumulo di neve. Alla fine, però, tale sacrificio poté dirsi completamente compensato da un risultato veramente sorprendente che m'illuminò di semplice e viva soddisfazione. Ero infatti riuscito a conferire al mio pupazzo un'espressione ed un aspetto incredibilmente umani tanto che, appena lo videro, alcuni ragazzi ritennero opportuno sospendere le loro costruzioni in quanto era evidente che non avrebbero potuto reggere a quel confronto. Io avevo le mani ghiacciate a causa del lungo lavorio tra la neve, ma la gioia provata per quei primi riconoscimenti mi riscaldava tiepidamente il cuore. Non per molto, comunque. Infatti, mentre mi trovavo in estatica contemplazione del mio capolavoro, ecco che accadde qualcosa di assai crudele e ingiusto, qualcosa che minò nel più profondo dell'essere ogni mia prospettiva di futura normalità. Ciò che spezzò sì brutalmente tale incantesimo fu un uragano di nome Hermann il quale manifestò subito, e in modo alquanto perfido e bieco, la sua contraria intenzione. Egli si avvicinò rabbiosamente agli altri ragazzi, guardandoti quasi con disprezzo, e rivolse loro queste roventi parole: "e voi vorreste premiare questo microbo? Avanti, buttategli giù il suo pupazzo. Non vedete quant'è ripugnante? Proprio come chi l'ha realizzato. E poi, non avrete mica timore di una formica?". Ciò detto prese egli stesso, un bastone e inveì, fino a completa distruzione, sulla mia opera d'arte. Io non avevo mai visto alcuno, sino ad allora, così orrendamente adirato, per cui tanta malvagità e cattiveria m'agghiacciarono ancor più mortalmente che non una valanga di neve. Eppure, calde erano le lacrime che mi rigarono il volto. Direttamente dall'animo mio sgorgavano sino a scivolare e perdersi tra i resti sparsi di quel mio povero pupazzo, dall'espressione e dall'aspetto incredibilmente umani, e che giaceva ora senza più forma alcuna dinanzi a me.

Tutto ciò accadde nel gennaio del 1914. Io avevo dieci anni e mezzo, e nel mio animo incosciente andava poco a poco destandosi la sensibilità. Infatti, quell'ingiusto atteggiamento non mi lasciò certo indifferente e, per converso, spazzò via in me ogni precedente traccia di inconsapevole calma per far posto, invece, ad un bruttissimo ma inevitabile senso di odio e rivendicazione. In pratica quell'avvenimento servì a evidenziare i confini che separavano la mia dall'altrui realtà. Non potei, perciò, fare a meno di chiudermi serratamente in me stesso onde cercare un sincero conforto. Conseguentemente avvenne che più il tempo passava e più mi rendevo conto che l'unico modo per trovare un po' di vera serenità era per me quello di restarmene in casa. Fuori, intanto, andava diffondendosi l'idea che ero diverso e che, per mancanza di imponenza fisica, dovevo essere considerato soltanto un "inferiore". Oh, sia ben chiaro: questa specie di idee non viene mai espressa apertamente, ossia verbalmente o comunque in forma esplicita e palesemente decifrabile. Trattasi, piuttosto, di concezioni arcaiche da sempre nascoste tra le pieghe più oscure della coscienza umana, per cui esse si espandono tra gli individui in maniera quanto mai sottile ed ingannevole. Ed io, fatalmente imbattutomi in simili errate impostazioni, ebbi modo di sperimentare in prima persona quanto arduo e difficile sia il compito di combatterle. Insomma, l'ingiusta antipatia ed i preconcetti di cui ero vittima mi distaccavano irreparabilmente dal mondo ipocritamente tranquillo dei sani e dei normali.

Il 17 marzo 1917 ricorreva il mio quattordicesimo anno di età, e quel difetto fisico si era maggiormente evidenziato. Anche quel giorno mia madre volle organizzare la consueta festa di compleanno, nonostante le mie opposte insistenze, e a tal proposito invitò i miei compagni. Il motivo del mio precedente rifiuto a detta iniziativa era da ricercarsi unicamente nel fatto che temevo moltissimo un'eventuale riuscita negativa della stessa, cosa che mi avrebbe ricoperto di altre squallide umiliazioni. Nel contempo però l'idea opposta, quella cioè di un risultato in tutto o in parte positivo, animava in me calde e timide speranze, tant'è che alla fine prevalse e si contrappose all'altra. Disposi allora l'animo mio verso una benevola accoglienza dei miei amici, come a voler loro offrire ancora un'occasione, un incitamento ulteriore a redimersi.

La festa ebbe inizio verso le quattro del pomeriggio, quando cioè cominciarono a giungere gli invitati. Io stesso aprii loro la porta per accoglierli e farli poi accomodare. Non credevo ai miei occhi nel vedere tanta apparente cordialità e cortesia a me immediatamente rivolte, ma questa non era, appunto, che una mera apparenza. Infatti, m'accorsi ben presto che la loro era soltanto una falsa forma dì riconoscenza per l'invito generosamente ricevuto, il che evidenziò ancora una volta la loro tipica espressione di opportunismo. Ciò fu ancora più chiaro non appena, diii a poco, si furono appartati tutti intorno ai tavolini, formando così il solito ambiente ostile che mi emarginava.

Ormai ero abbastanza sensibile ai maltrattamenti, i quali diventavano dei pericolosissimi stimoli per la formazione di esasperati sentimenti di odio e di vendetta. Tuttavia, ciò covava ancora sotto le ceneri di una stentata pazienza e di una forzata sopportazione. Per meglio rendere l'idea, si può più semplicemente paragonare tale condizione all'estensione graduale di un elastico la quale contrasta l'azione resistente di questo; ne consegue che, quando la resistenza si annulla, l'elastico si rompe. Dunque, c'era soltanto da vedere per quanto tempo ancora avrebbe retto la mia forza morale, messa così a dura prova da quei frequenti maltrattamenti che mi si continuava a infliggere. Ma anche qui, naturalmente, solo il passare del tempo avrebbe potuto dare una risposta.

Mi mancava un qualcosa in cui credere e aver fiducia; un qualcosa di profondo e di stabile, e non invece frivolo o stupido come ad esempio l'amicizia classicamente intesa secondo un metro di opportunismo e di ipocrisia. Avevo di ciò un estremo bisogno, al pari di quello che abbiamo di dissetarci quando si manifesta in noi la sete. Pensiero dopo pensiero mi misi alla ricerca di un amico fedele che potesse compensare il vuoto creato nella mia vita dalla mancanza di rapporti umani ben validi e seri. Sentivo che potevo salvarmi da quel tormento solamente se fossi riuscito a trovare un punto fisso qualsiasi su cui approdare, riprendere fiato, e da cui ripartire poi verso superiori vette esistenziali. Così accadde che, quasi senza accorgermene, avevo implicitamente scoperto una giusta via da percorrere, l'unica che potesse condurmi alle mie mete: la via della ricerca! Imboccando tale sentiero, incontrai altresì quell'amico fedele che tanto anelavo e che mai più in seguito m'avrebbe abbandonato: il pensiero! Capii, o meglio intuii, che solo alla mia mente avrei potuto d'ora innanzi affidarmi, che solo questa avrebbe potuto fruttuosamente guidarmi lungo il complesso cammino della mia vita. Parallelamente, s'aprì in me la speranza di poter acquistare una grande forza morale da usare poi come bianco bene in opposizione al nero male che si crudamente mi aveva sporcato.

Nessun festeggiamento seguì il mio quindicesimo e sedice-simo compleanno. Allora, infatti, avevo quasi completamente abbandonato le attività diversive con i compagni, processo tra l'altro inevitabile. Era come se quel male avesse sollecitato la mia maturazione interiore e volesse ora sdebitarsi con qual-che suprema legge naturale facendomi rifugiare in una di-mensione mentale più piena di contenuti rispetto a quella di un normale sedicenne.

Già da allora passavo gran parte delle giornate a riflettere sul vero significato della mia condizione di vita, che era poi la stessa di tutti i miei simili sfortunati. Quando pensavo, il più delle volte, il mio spirito si rafforzava ed io traevo da ciò un grande senso di soddisfazione: questa, infatti, era la prova che il mio amico fedele (la riflessione) si avvicinava sempre più cordialmente a me. Tale sensazione di appagamento era, in pratica, l'unica forza di sostentamento mentale, l'unica cre-denza in grado di tracciare in me la via della salvezza e della vita, specie nei peggiori momenti di disumanità che dovevo subire.

Intanto, quei maltrattamenti e quelle umiliazioni erano andate sempre più aumentando e, ad un certo punto, la molla della mia pazienza inesorabilmente si ruppe, causando in me il de-finitivo accesso di quegli amari sentimenti che tanto a lungo avevo cercato di reprimere. Tale rabbioso senso di odio e di rivendicazione, però, più che verso i miei compagni era pre-valentemente indirizzato verso ciò che li rendeva così cattivi, nonché verso l'atroce ingiustizia che qualcuno o qualcosa aveva perpetrato nei miei confronti. A questo punto, dunque, nel mio animo coabitavano due sentimenti opposti e contra-stanti: l'odio, appunto, verso qualcosa di ignoto, e il bene che inversamente nutrivo per il mio amico fedele. Era questo be-ne che si contrapponeva all'altro sentimento attenuandolo. Il mio cervello divenne, così, un travagliate campo di battaglia dove però non periva mai nessuno dei due combattenti. A volte il primo sopraffaceva il secondo, prendeva le redini e comandava le mie azioni, facendomi odiare; altre volte, inve-ce, si rafforzava il bene, non so per merito di quale miracolo, riusciva ad avere la meglio sull'odio e a prendere il governo dei miei sensi, dandomi poi sollievo e vitale coraggio. Insomma, a volte ero in preda all'odio, a volte ero immerso in una quasi assoluta, catartica serenità. Col tempo mi accorgevo che più usavo la ragione e più ero calmo e fiero. Inoltre, mi convincevo sempre di più che la mia vendetta verso il male si compiva automaticamente quando nel mio spirito si destava l'amore e la volontà di star bene. In altre parole, ciò avveniva non appena la vita superava la morte, il bene superava il male e la ragione l'irrazionalità.

CAPITOLO II

A scuola gli insegnanti si erano accorti che ero portato per la riflessione ed anche per le materie letterarie, cosa che deducevano specialmente dai compiti in classe di tedesco. In seno al mio ottimo andamento scolastico il preside mi elogiava, si congratulava con i miei genitori per avere un figlio intelligente e studioso. Spesso mi invitava nel suo studio a conversare e a parlare di tanti argomenti, principalmente di quelli orientati verso una ricerca acuta del reale valore delle cose. Io stesso mi rendevo conto della mia dote di pensatore, nonostante la mia giovane età. D'altra parte, però, tale giovinezza non mi consentiva un processo riflessivo normale, ossia chiaro e graduale, ma confusionava la mia mente di troppo vasti pensieri. Questi si accavallavano convulsamente dentro di me senza alcun ordine logico, senza cioè seguire uno sviluppo compiutamente razionale. Sicché ero pervaso da contenuti ideali ed emotivi sproporzionatamente ampi e soverchianti, privi però di linee precise e di dettagliati contorni. Mi caricavo, insomma, di "sostanza" esistenziale senza pervenire ancora ad alcuna "forma" ben definita e fissa. Alla base di tutto questo trovavansi le non semplici domande riguardanti l'esistenza universale, il suo creatore e le leggi che costui impone al mondo per farlo vivere e girare. Era come se dinanzi alla mia vista ci fosse un ammasso di fili intrecciati il quale rendeva difficile e lungo il relativo processo di scioglimento. Eppure sentivo che il filo della conoscenza era unico e logico e che solo con la mia buona volontà avrei potuto districarlo. Difatti, era proprio così. Ogni risoluzione di un problema, ogni risposta ad una domanda, giusta o sbagliata che fosse, serviva a porre le basi per un graduale recupero di quell'unico filo attualmente ingarbugliato.

I giorni si susseguivano irreversibilmente e quella visione impressionante di un Mark più adulto e più deforme, che spesso determinava i miei tormenti, da irrealtà, quale volevo che restasse, andava gradualmente tramutandosi in drammatica situazione reale. Purtroppo, dovevo convincermi che quel corpicciuolo, unito allo spirito, rappresentava proprio l'individuo dei miei incubi: Mark Silbermann. Dovevo assolutamente

21

combattere con ogni mezzo quella realtà impostami da chissà chi. La mia condizione era sempre più disagiata, le frustrazioni erano l'unica cosa che ricevevo dal mondo esterno, fuori da casa mia.

La mattina andavo di controvoglia a scuola ad espormi alle immancabili canzonate dei compagni e alle pietistiche espressioni dei professori. Che indicibile afflizione era per me vedere tanta gente inutile, formale, vuota e puerile.

Dopo le lezioni tornavo a casa dove, invece di studiare quelle noiosissime materie, trascorrevo gran parte del mio tempo a pensare. E in una simile dimensione mentale cominciavo a considerare sempre più cognitivamente la mia figura di uomo di fronte alla grandezza universale. Più il tempo passava e più mi convincevo che l'unico mio supporto vitale era l'attività pensatrice e scopritrice. Dentro di me, intanto, continuava l'infaticabile lotta tra quei due feroci combattenti che erano la "materialità" e la "spiritualità" e man mano capivo che l'una era legata a filo doppio con la vita frivola e pratica mentre l'altra (la spiritualità, ossia l'amore) era intrinseca alla vita riflessiva e meditativa. Ecco, così, che ero arrivato a dedurre ed appurare un'altra importante realtà, una realtà non solamente mia ma della vita umana in generale. E precisamente giunsi a convincermi che l'esistenza spirituale o contemplativa cozza aspramente con quella che noi conduciamo superficialmente, senza cioè scendere nel senso più profondo delle cose che ci circondano. Debbo dire, altresì, che tutto questo operare interiore mi forniva una buona soddisfazione, oltre che una massiccia dose di energia e di fiducia. Non avrei potuto trovare altrimenti la forza e lo stimolo sufficiente per proseguire il mio cammino sull'arduo sentiero della vita e della ricerca. Gli esatti contorni di detta strada cominciavano ora a palesarsi lentamente a me, emergendo pian piano dalle fitte tenebre del mistero e dell'ignoto. In essa era anche segnato il tipo di esistenza che avrei dovuto seguire onde raggiungere l'ambizioso scopo di "edificare" e giammai "distruggere": una vita, quindi, clic germogliasse dalla natura più profonda della coscienza umana, che andasse al di là di ogni mero e stupido formalismo. Proprio per questo, tutto ciò che apparteneva allo sterile campo del superficiale m'apparve ben presto ripugnan-

22

te e privo di qualsivoglia validità. Dentro di me, invece, sentivo crescere giorno per giorno il fiore radioso di un'interiorità suprema, piena e straordinariamente ricca.

A circa 17 anni ero sempre più assorto nello sconfinato mondo della ricerca e della riflessione. Non che fosse un mondo privo di insidie e rischi, anzi, più in esso mi inoltravo e più avvertivo che i pericoli ivi latenti erano di gran lunga maggiori e gravi. Sentivo, ad esempio, che due erano i rischi principali cui andavo incontro ed esattamente: un esasperato impazzimento, quale conseguenza di una probabile carenza di certezze e convinzioni, ed una possibile crisi del pensiero. Eventualità, queste, la cui sola ombra gettava oscure minacce su quell'erto sentiero che tanto difficilmente avevo imboccato e dal quale, adesso, m'attendevo di ricevere ciò che altrove altri non avevano voluto darmi. Ecco perché sarebbe stato particolarmente disastroso, ed ecco anche perché non potevo, anzi, non dovevo assolutamente mollare la presa del mio unico, grandissimo fine: l'appagamento di quell'intimo bisogno di sapere che era poi il sommo scopo di tutta la mia vita. L'insistente pensare aveva senza dubbio rafforzato in me il senso profondo ed obiettivo del giudicare.

A scuola iniziavo a non tollerare più i mille volti e le molteplici sfumature del formalismo dei professori e, soprattutto, quella loro limitata capacità di apprezzare una cosa per il suo contenuto specifico piuttosto che per la sua apparenza esteriore. In definitiva, lo stare a scuola mi aiutava a capire ancora più nettamente quanto diverso ero dagli altri, compagni e professori. Strano: osservavo, a volte, e comprendevo il comportamento degli insegnanti come un padre che, pieno di sapienza e di maturità di vita, osserva e comprende l'atteggiamento del figlio di tenera età. A questo proposito trovo facile ricordare una certa interrogazione di matematica che qui ora vi voglio narrare. Ebbene, detta interrogazione andò molto male, cosa che stupì enormemente il mio professore. Costui, infatti, mi conosceva quale ragazzo studioso e intelligente, per cui, quello scarso ed inatteso rendimento non gli fu affatto concepibile. Il professore evidentemente ignorava qual'è la vera intelligenza che deve avere l'uomo per poter essere tale, ossia diverso dalla bestia. L'uomo intelligente, prima di apprendere, condividere, fare sua una nozione, la sottopone ad una personale disamina, ovvero, la confronta con le proprie idee e con le proprie convinzioni, si pone innumerevoli domande sulla sua logicità e validità. Nell'uomo-bestia tale processo mentale non avviene. Egli, in pratica, non possiede alcuna capacità di sintesi personale. L'uomo-bestia le cose non le capisce, le memorizza solamente. Non ha individualità perché è la passività impersonata: parla quando gli dicono di parlare, dice ciò che gli dicono di dire. Ma il fatto grave, signori della corte, è che la sua memoria, quanto più ferrea tanto più inutile, viene esaltata e indicata come modello. Se non si riesce o non si vuole imparare a memoria si è stupidi, non si rientra nella normalità. Infatti, avvenne che il mio professore di matematica iniziò a dubitare della mia intelligenza quando si accorse che non avevo imparato a memoria la lezione come tutti gli altri scolari "intelligenti". In realtà, l'argomento in questione era stato per me troppo difficile in quanto non ero riuscito a rispondere alle tante domande che mi ero posto circa la sua validità. Ad ogni modo, avevo ritenuto opportuno non ripetere a memoria la lezione senza neanche sapere di cosa stessi parlando. Ciò dimostra che ancora una volta io avevo sforzato il mio cervello per capire, gli altri invece non lo avevano fatto ma si erano preoccupati esclusivamente di apparire sapienti agli occhi del professore. Sicché, alla fine, risultò che la brutta figura da me fatta alla lavagna aveva fornito ai miei compagni di scuola un altro motivo per ritenermi inferiore e, dunque, oggetto ideale delle loro burle. Non sapevo più come fare. Ero giunto veramente al culmine massimo dell'esasperazione per tutte quelle terribili prese in giro e per gli assurdi, nonché mortificanti, giudizi degli insegnanti nei miei confronti. L'unica soluzione era quella di non frequentare più, di abbandonare la scuola; decisione ch'io finii inevitabilmente per prendere. Continuare ad andarci, infatti, avrebbe significato solamente protrarre una situazione complessivamente dannosa e disastrosa dal momento che era proprio quella la vita pratica, frivola e materialistica che tanto combattevo.

Giunse il 1921, e con esso il mio diciottesimo compleanno. Fu anche in quell'anno che mio padre e mia madre, vista la mia

24

persistente mancanza di sviluppo, decisero di sottopormi ad un'altra visita medica.

Così, andammo nuovamente dal dottor Neuberg, a Rostock, il quale questa volta mi praticò un accurato esame. Alla fine disse che si trattava di qualche disfunzione ghiandolare e che era il caso di farmi vedere da un bravo specialista di Amburgo. Certo, tale responso non fu dei più rassicuranti ed anzi provocò una leggera scossa di turbamento nei nostri animi in quanto aveva in qualche modo confermato un nostro sospetto. Pur- tuttavia rimaneva sempre un minimo di possibilità, ipotesi alla quale io aggrappai le mie residue speranze. Ero, tutto sommato, ancora fiducioso e riuscii persino a provare un estremo, benefico senso di sollievo. I miei genitori, invece, sembrava che fossero rimasti del tutto indifferenti a tale nuova prospettiva: forse le scoraggianti esperienze passate avevano indebolito la loro speranza. Ciò nonostante, anch'essi erano segretamente ansiosi di incontrare Morris Simmonds, lo specialista indicatoci da Neuberg, al 9unto che salimmo sul primo treno diretto ad Amburgo senza neanche tornare a Wismar. Così, un altro viaggio iniziammo verso una successiva tappa della nostra esistenza; una tappa a noi ancora sconosciuta, la cui realtà dipendeva strettamente dal risultato finale che quella visita avrebbe rivelato.

Giungemmo qualche ora dopo ad Amburgo e subito ci mettemmo alla ricerca dello studio di Simmonds. Ci dissero che si trovava su di una collina un pò fuori dalla città, per cui occorsero circa venti minuti di cammino per arrivarvi. Il panorama era davvero incantevole, tanto che la sua vista m'affascinò i sensi d'una armonia indicibile. Quell'atmosfera intorno e il laboratorio medesimo avevano un non so che di sublime e grande: il verde ombrato e fresco dei prati con la vegetazione ivi esistente, la staticità muta degli alberi, ricchi di rami e foglie, creavano un suggestivo silenzio attorno a quella casa. Ricordo che fui istantaneamente pervaso dal desiderio di possedere anch'io una dimora simile, luogo perfetto per meditare. Mi piacque moltissimo anche il laboratorio, fornitissimo di strumenti di ricerca e di analisi che gli conferivano un sapore di fissa e immota sapienza. Pensai che, una volta tornato a casa, mi sarei adoperato per costruire un guscio come quello ove potermi attivamente dedicare al mio lavoro di ricerca della verità. La visita fu breve. Appena mi vide il dottor Simmonds capì ed espresse subito la sua diagnosi sulla mia malformazione fisica. Disse che la malattia di cui ero affetto era denominata "nanismo": essa era causata da un cattivo funzionamento, congenito, della ghiandola Pituitaria situata al disotto della base del cervello e secernente particolari sostanze. Alla fine disse che, purtroppo, tale morbo non sì poteva curare. Dunque, era proprio questa la realtà! Dunque, avevo sperato invano e il mio sconcertante destino non concedeva clemenze, non sorrideva al mio animo, non m'incoraggiava alla vita!

Tornati a Wismar, per un po' di giorni in famiglia non si scambiò una parola. Erano talmente grandi lo sconforto e la delusione da noi provati che non si manifestarono, come normalmente accade in questi casi, con pianti disperati e fondi oppure, all'opposto, con una tendenza da parte dei miei cari a infondermi coraggio con parole di ottimismo.

Quell'amara verità, invece, diede luogo ad un'innumerevole serie di sentimenti, tra cui alcuni decifrabili ed altri molto complessi. Questi ultimi, in particolare, influenzavano fortemente i miei sensi senza peraltro passare per la coscienza. Provavo una diffusa sensazione di disagio, paura, ed un sorgente impulso autodistruttivo che alimentava ancor più il mio dolore. Tale pessimo stato di emozioni durò circa un mese, un lungo ed interminabile mese, e probabilmente era simile a quello provato dai miei genitori. Con la differenza, però, che essi, oltre al normale dispiacere per il fatto in sé, erano animati da una duplice angoscia perché trattavasi, in fin dei conti, della sofferenza della loro amata creatura. E non esiste tormento più grande al mondo di quello che i genitori sentono per il dolore dei propri figli. La mia sorte vide effettuarsi in quel periodo una lotta assai spietata, accanita e violenta, che lacerò come non mai l'essere mio: la lotta, cioè, tra la vita e la morte. Era una lotta eccezionalmente selvaggia e cruenta, una specie di terribile incubo in cui erano esclusive protagoniste due forze opposte le quali si contendevano l'assoluto predominio sul rispettivo avversario. Avvertivo che la speranza di vita si stava paurosamente esaurendo per lasciare il posto ad una scoraggiante e perversa idea di morte. Ma la cosa peggiore, in tutto questo conflitto, era una sensazione esasperante di impotenza. Mi sembrava, cioè, di avere le mani completamente legate e di non poter opporre pertanto alcuna reazione a quell'obbligo negativo che mi trovavo violentemente a subire. Poi man mano, quasi inspiegabilmente, un filo di luce emerse dalle macerie di quell'atroce battaglia ancora in atto nell'animo mio e fu solo allora ch'io capii quanto stava realmente accadendo. Cominciai così a respirare un nuovo odore di vita e, nel contempo, una rinata speranza intervenne a sostenere la mia opera di riassestamento psichico e morale. In pratica, subentrò in me la voglia di sconfiggere quell'orribile buio mortale che per un mese intero aveva tenacemente cercato di strapparmi al mondo, all'affetto dei miei cari e, insomma, alla vita. Mi aggrappai successivamente a tutte quelle cose che appartengono alla calma ed alla rassegnazione, cercando così di trovare tutti i rimedi possibili all'orrendo male dell'emarginazione poiché era questo, essenzialmente, il motivo del mio sconforto. Ora più che mai dovevo ridurre al minimo la vita pratica e condurre in massima parte quella riflessiva: difatti, ancora una volta la prima mi aveva frustrato. Il fatto di essere nano non poteva e non doveva pregiudicare la mia dignità di uomo, il mio diritto all'esistenza. Questa, fondamentalmente, era la cosa di cui dovevo convincermi. Potevo combattere l'influenza negativa della materia e delle forme soltanto con un profondo lavoro mentale. Adoperando il raziocinio avrei scoperto tante cose e avrei tratto da ciò le soddisfazioni che mi avrebbero aiutato a vivere serenamente. Ben sapevo, ovviamente, che tale redenzione dal materialismo era assai ardua per me, come per chiunque altro, ma ero convinto che con le mie evidenti capacità mentali avrei ottenuto qualcosa di positivo. Quindi, il desiderio nato ad Amburgo di crearmi un guscio ottimale ove poter tranquillamente pensare e sovrastare quella tremenda realtà era ormai una necessità urgente. Dedicarmi anima e corpo alla fruttuosa meditazione ed alla ricerca era proprio quel che ci voleva. Mio padre, però, già afflitto per la mia decisione di abbandonare la scuola e per la difficoltà certamente penosa che in quel momento incontrava nel rassegnarsi alla mia diversità, non si trovava nella disposizione d'animo adatta. Cercai allora di fargli capire che, se dal lato fisico ero menomato, da quello mentale ero assai ricco e pieno di interiorità e che perciò era opportuno ch'io allenassi le mie capacità intellettive. Gli chiesi di aiutarmi a trovare un casolare in collina da adibire a laboratorio scientifico, con i necessari libri e strumenti vari. Fortunatamente, alla fine egli riuscì a comprendere tali mie esigenze e si mise subito all'opera per trovare questo mio piccolo paradiso terrestre. Impiegò due mesi d'intense, quasi estenuanti, ricerche dopodiché riuscì ad ottenere quanto desiderato: una graziosa casetta in collina, in mezzo ad una splendida e generosa vegetazione.

Una volta compiuta questa prima importantissima acquisizione io mi adoprai ulteriormente per l'approvvigionamento di svariati libri dall'anatomia umana alla biologia, coi quali cominciare a costruirmi le basi di ricercatore. Acuto e minuzioso fu il lavoro successivo volto ad ampliare i miei confini conoscitivi. Per fuoriuscire dalla mia dannata individualità, con tutti i suoi problemi contingenti, dovevo necessariamente elevare il mio intelletto oltre ogni specificità. Persi, così, la cognizione del tempo e della realtà poiché sia di giorno che di notte mi ritrovavo completamente assorto nei libri, in una dimensione a me del tutto ignota ma, appunto per questo, altamente stimolante. Iniziai pian piano ad apprendere le affascinanti realtà del corpo umano e di alcune oscure leggi naturali. Ormai il laboratorio s'accingeva a divenire la preferita dimora del mio grande amico pensiero.

Più il tempo passava e più in me crescevano la sapienza scientifica e la conoscenza, sebbene limitata, della vita e del suo significato. Più studiavo e più volevo proseguire i miei studi perché erano enormi la calma e la tranquillità che da essi traevo. Lo studio infatti, ed esso soltanto, rappresentava per me una possibilità di conoscenza concreta, un modo per capire la realtà mia, di tutti gli uomini e dell'intero universo. In pratica, oltre a servire da svago e da rifugio sincero ove poter riversare emozioni, sensazioni, pianti ed allegrie, il laboratorio stava divenendo un punto importante per capire il mondo. Da ciò ne consegue che la voglia di vivere era ormai totalmente subordinata alla voglia ed alla possibilità di scoprire. Inoltre, raggiunsi la convinzione che la conoscenza è sinonimo di benessere e di vita, mentre ignoranza significa malessere e morte.

Ovviamente, tale attaccamento al laboratorio sfociò ben presto in un rapporto alquanto morboso, o meglio affettivo, ma questa evidentemente era l'ineluttabile conseguenza dell'enorme fiducia che in esso riponevo. Come avrei potuto altrimenti esprimere il mio sentimento di bene, di fiducia e di umanità? Quella stanza, insomma, era la mia vita.

Scorrevano intanto i giorni e i mesi, così come crescevano anche i miei pensieri. La ricerca proseguiva in maniera davvero soddisfacente e approfondita e, in pratica, tutta la mia attività conoscitiva seguiva uno sviluppo alacre e poderoso. Ciò nonostante, appena giunto al mio diciannovesimo compleanno, fui inspiegabilmente assalito da un fastidioso senso d'incompletezza, di insoddisfazione, da un vuoto incerto che, stranamente, neanche lo studio riusciva più a colmare. Io non sapevo con esattezza da cosa fosse originato, avevo però la sensazione di essere improvvisamente chiamato da una ferrea legge naturale, da una forza misteriosa che pareva volesse lentamente infrangere ogni mia barriera difensiva. Accadde, così, che gli studi s'andarono via via diradando a causa di un indecifrabile mutamento d'animo che mi rendeva svogliato. E in simili momenti di totale apatia non riuscivo proprio a restarmene sopra i libri ma provavo, invece, un contrario impulso ad uscire, a svagarmi, che sino allora avevo dimenticato. Presi, perciò, ad abbandonare il laboratorio con una crescente frequenza ed era più facile incontrarmi in strada a passeggiare che non in quel luogo di rigorosa concentrazione. Riallacciai anche una qualche relazione con un paio di ex compagni di scuola i quali, essendo di non bell'aspetto e dunque non normalmente accettabili, erano stati costretti a seguire un percorso esistenziale pressoché simile al mio.

Un giorno fui invitato ad una festa di compleanno alla quale parteciparono molti ragazzi e ragazze. L'atmosfera che si creò in quella sede fu di viva ed esaltante allegrezza, una di quelle occasioni che favoriscono un automatico annullamento di molti freni inibitori.

Non posso spiegare diversamente quanto in essa accaduto.

Infatti io ed alcuni amici "brutti", o diversi che dir si voglia, decidemmo di lanciarci in un'iniziativa quanto mai avventata e assolutamente impensabile per la vita normale di tutti i giorni. Ci prefiggemmo, cioè, con audacia inusitata, lo scopo di conoscere delle ragazze per poi invitarle a ballare. Lì per lì non me ne resi conto, ma lo sforzo che compii nell'ignorare di essere un nano e nel volermi cimentare, nonostante ciò, nella caccia alle ragazze fu certamente superiore a quello che compie un uomo quando si taglia con le proprie mani gli arti del suo corpo. Strano a dirsi, ma anch'io mi misi subito all'opera al fine di attuare l'insolito proposito. Del resto, era come se vivessi in una specie di sogno per cui le sensazioni che ne derivavano non erano dirette, bensì raggiungevano l'essere mio come se si trattasse di un'altra persona, ossia in maniera filtrata e marginale. Cominciai, allora, a scrutare ed esaminare tutte le presenze femminili in quella sala finché vidi, seduta quieta in un angolo, una fanciulla dal volto tanto modesto e luminoso che mi colpì alquanto. Fu quasi istintivamente che mi avvicinai a lei chiedendole se potevo farle un po' di compagnia visto che se ne stava così sola ad annoiarsi. Rimasi molto sorpreso dall'immediata disponibilità che mi dimostrò e, soprattutto, dal modo particolarmente dolce e cordiale di esprimersi. Mi disse di chiamarsi Helena e stette insieme a me per tutto il tempo della festa, parlando del più e del meno. Nel frattempo io m'accorsi che stava sorgendo dentro di me un raro sentimento di stima e fiducia verso di lei, nonché il fortissimo desiderio di non svegliai-mi mai da un sì magico sogno. E il sogno, infatti, non s'interruppe subito dopo quell'incontro giacché, prima di lasciarci, le avevo chiesto di rivederci ancora, ottenendo un suo insperato consenso. Tornando a casa, poi, pensai che l'aver trovato una persona degna di considerazione con cui poter discutere e parlare era stata una fortuna davvero incalcolabile.

Quella notte, però, non riuscii a dormire; un'infinità di pensieri si accavallavano sconnessamente nella mia mente. Riflettevo continuamente su quanto d'ma- spettato era avvenuto, su Helena, sulla sua brillante concretezza, e sul vuoto che da un po' di tempo m'aveva pervaso. Sentivo che esisteva una relazione fra queste sensazioni ma non sapevo esattamente quale. La scoprii dopo una lunga ed intensa meditazione, quando cioè mi resi conto dell'elementare semplicità e spiegabilità della cosa: mi mancava una donna da amare e da cui essere amato. E adesso tutto quel bisogno di amare qualcuno all'infuori del mio pensiero e della mia famiglia si era riversato su di Helena. Forse ero innamorato di lei. Ma questa conclusione mi provocò una grande paura: quella di non essere corrisposto. Di qui la tristezza e il tormento di dovermi rassegnare ad una vita limitata, priva di quell'amore femminile che né Helena, né altre mi avrebbero mai concesso. Come sempre, ero in preda ad una crisi interiore, continuava la perpetua lotta fra due opposti sentimenti che, in quel determinato periodo, erano il coraggio e la paura, la decisione e l'indecisione. Con ciò mi convincevo sempre più che là dove ci sono il dubbio e la crisi ci sono la ricerca e il graduale sapere, ed io ero una constatazione vivente di detta teoria.

Giunse poi il Venerdì, giorno prefissato per l'appuntamento con Helena. Uscii di casa pieno d'ansia per quell'importante incontro, che avvenne alle quattro del pomeriggio nel corso di Wismar. Io le dissi, con difficoltà estrema, che in me era nato un robusto sentimento nei suoi confronti e le chiesi di unirsi a me con la massima serietà. Lei, in un primo momento, rimase stupita e commossa da quelle parole ma poi, senza minimamente riflettere, cioè senza neanche consultare il suo animo puro, mi rispose che era impossibile perché non ero il suo tipo. Ma io potei leggere in quella sua espressione una specie di ribrezzo verso di me; ribrezzo derivato senz'altro da un gretto istinto naturale e materiale che ben poco ha di umano. Forse era addirittura offesa dal trovarsi di fronte un nano che le chiedeva l'unione interiore. Ad ogni modo, non era colpa sua, ma dell'uomo in generale, o meglio, della causa che lo ha reso così ingiusto, cattivo e frivolo.

Quell'odio da tempo scoppiato nell'animo mio, che in passato era rivolto ad un amico dispotico di nome Hermann e adesso ad una ragazza che mi aveva rifiutato, in realtà era diretto verso il motivo originario delle peggiori imperfezioni umane che sono la presunzione e la superficialità.

Dopo quest'altra deludente esperienza passai diversi giorni a riordinarmi le idee, ad analizzare le emozioni conseguenti a detto fallimento. Mi creai nuove convinzioni sulla realtà dell'uomo e conobbi ancora meglio il male in tutta la sua negatività. Ora, una volta appurati ed acquisiti tali ulteriori fondamentali concetti, rimaneva da risolvere l'evidente problema affettivo poiché era ormai chiaro che la mia vita giammai avrebbe potuto unirsi a quella di una ragazza. Non dovevo più sperare inutilmente, ma rassegnarmi ad un'esistenza solitaria. Prospettiva, questa, tutt'altro che confortante dal momento che anch'io, in quanto essere umano, temevo enormemente la solitudine. Solo che, come sempre, la sorte non mi lasciava altra scelta: o la morte o la solitudine. E siccome la prima alternativa l'avevo scartata da tempo, non mi restava che l'altra. Era duro, tanto duro rassegnarsi alla quasi completa emarginazione dagli altri, forse più di quanto lo era stato il sapermi irrimediabilmente nano. Sicuramente, però, un nano o un qualsiasi altro sfortunato non risentirebbe eccessivamente il peso della sua disagiata situazione se vivesse in una comunità più degna, fra la massima solidarietà. Ma a che serve gridare aiuto ad una società sorda? A nulla. Un gesto del genere risulta essere del tutto inutile, inconsistente; cosa di cui mi resi inevitabilmente conto.

Solo! Mi ritrovai ancora una volta solo, ed ancora una volta intento a cercare il giusto modo per fronteggiare tale cruda realtà. Così, se fossi riuscito a rassegnarmi ad una simile desolante sventura, con tutte le relative insidie e difficoltà, sarebbe stato ambito merito della mia sola forza spirituale. Risultato, questo, che io sentivo essere assai importante, l'unico per il cui raggiungimento valesse veramente la pena di andare avanti, di continuare a insistere e lottare. Certo, non era un impegno da poco. V'erano problemi che mi si presentavano incessantemente innanzi, la cui soluzione richiedeva una dedizione totale, complessa e maggiormente intensa. Doppio era lo sforzo che dovevo impiegare in questo senso perché mi trovavo alle prese con problemi di contingente e comune natura, quali quelli materiali connessi alla mia realtà di uomo, ed altri riguardanti occulte sfere dell'animo mio che mi spingevano, invece, nel complicato campo del profondo. Ecco, ultimamente m'ero imbattuto nel non facile problema uomo-donna che, nonostante avessi a lungo ignorato, aveva fatto emergere dal mare nascosto delle mie passioni nuove e antiche esigenze. Come ad esempio quella sessuale, per soddisfare la quale non potevo fare altro che masturbarmi.

I giorni seguenti furono davvero terribili. Non avevo voglia di far niente e c'erano delle notti in cui mi pareva addirittura di soffocare, mi si stringeva il cuore e mi si creava come un nodo allo stomaco. La causa di tutta quella sofferenza era un costante nervosismo che mi induceva anche a desiderare la morte. Morire, infatti, avrebbe significato entrare in un mondo che a me appariva migliore, un mondo dove avrei trovato probabilmente la calma e forse la vita, concepita come benessere, come non sofferenza e, in ultimo, come redenzione dal male materialistico.

Quel periodo critico, inoltre, fece nascere in me altri dubbi, altre domande. Mi chiedevo se quel bene ultraterreno esiste veramente e come è fatto, se la morte potrebbe essere davvero un completamento in senso positivo della nostra vita.

Il bene e il male, la spiritualità e la materialità: mi domandavo quale fosse la correlazione tra bene e spirito, tra male e materia. Dubbi e ancora dubbi. Questa era la mia condizione mentale. Mi pareva di percorrere una strada ingombrata da innumerevoli ostacoli. Appena riuscito a superarne uno, subito se ne presentava un altro ancora più grande. Pertanto, se ero sempre fermamente deciso nel perseverare in tale mia direzione, lo dovevo unicamente alla speranza di poter così avvicinarmi alla conoscenza delle logiche verità che regolano l'universo e che a noi appaiono oscure e frammentarie. Ero in ciò sostenuto dalla convinzione che il tempo mi avrebbe sicuramente aiutato a scoprire qualcosa circa i molteplici misteri della vita soltanto, però, se avessi rafforzato la mia componente spirituale. Infatti, ero sempre più certo dell'esistenza di una relazione intercorrente tra lavoro interiore e conoscenza di ciò che sta dietro di noi. Mi raffiguravo due gomitoli di lana collegati tra loro da un unico filo: il primo gomitolo rappresentava la nostra spiritualità terrena, il secondo quella metafisica. Ero certo che ingrandendo il primo gomitolo col filo dell'altro avremmo costituito un'unica matassa. In tal caso saremmo giunti ad una perfezione spirituale e quindi ad una completa conoscenza. Questo, conseguentemente, rendeva logica la differenza tra le persone, nel senso che non tutti abbiamo il primo gomitolo uguale e non tutti, purtroppo, riusciamo ad ingrandirlo. Capii, altresì, che a determinare questa differenza intervengono fattori congeniti, stimoli all'esercizio mentale i quali giungono all'individuo per vie misteriose.

Dopo un certo periodo di riassestamento interiore, dunque, decisi di riprendere lo studio scientifico perché non mi restava altro da fare se intendevo realmente approdare a qualcosa di positivo. Mi sforzai in tal senso onde riprendere il normale ritmo di lavoro, recentemente trascurato, ed ottenni subito buoni risultati in quanto riacquistai il medesimo interesse e la stessa curiosità di prima.

CAPITOLO III

Passò, in questo modo, qualche anno. Un periodo in cui non conobbi soste o cedimenti, in cui vissi gran parte del mio tempo severamente rinchiuso in laboratorio e tra i libri. Libri di medicina, per l'esattezza, perché era questa la materia cui avevo maggiormente dedicato i miei studi e la quale, ormai, mi aveva fatto acquisire una vasta conoscenza del corpo umano. Così adesso, dopo due anni circa e dopo aver appreso le dovute nozioni mediche, stabilii che era giunto il momento di condurre io una ricerca più specifica o per lo meno un approfondimento del ramo scientifico che più mi affascinava. In verità, un particolare interesse c'era già in me, ed era comprensibilmente spinto dalla mia condizione patologica: lo studio delle ghiandole endocrine. Da una di queste ghiandole, infatti, dipendeva il mio male fisico. Conoscendo e magari curando le disfunzioni ghiandolari avrei così soddisfatto una curiosità personale ed in tal modo appagato la mia sete di vendetta.

Comprai dei testi di endocrinologia e ripresi lo studio più intensamente e più piacevolmente che mai. Più mi addentravo in questa branca della medicina e più mi sembrava che, a parte la passione, c'era una forza superiore che mi ci sospingesse. Giunto a questo stadio della mia conoscenza, pensai di scrivere al medico che mi aveva visitato l'ultima volta, il dottor Simmonds, per chiedergli se era possibile consultare le sue documentazioni su dette ghiandole. Sapevo, infatti, che lui era specializzato proprio in quel campo e che aveva elaborato alcune specifiche teorie durante il corso della sua ricerca. Mi rispose con una lettera degna della sua umana grandezza, insieme a quanto richiestogli, nella quale mi annunciava di avermi volentieri spedito il resoconto dei suoi numerosi anni di studio e con la quale mi esortava a proseguire l'opera che lui, a causa della sua avanzata età, era costretto ad interrompere imminentemente. Si diceva inoltre sicuro delle mie elevate capacità intellettive oltre che umane, così come era certo che continuando con determinazione la strada intrapresa sarei giunto a risultati concreti, utili e veri per tutti. Lì per lì non afferrai interamente il senso di quelle importanti considerazioni, ebbi solo l'impressione che il dottore avesse perseguito nella sua vita un intento simile al mio e che ora mi parlasse, appunto, dall'alto della sua maturità e della sua sapienza. Fui molto felice per il materiale generosamente inviatomi e per quella preziosissima lettera dì Simmonds. Un avvenimento, insomma, che mi corazzò di ulteriore coraggio e fiducia.

Ma le vicende, in quel periodo, non scorrevano tutte altrettanto bene, come ad esempio quelle familiari. Mio padre cominciava ad avvertire sempre più incisivamente i segni della vecchiaia, per cui era spesso in preda ad una sfibrante stanchezza fisica, oltre che ad una morale, e vari dolori presero a tormentare la sua già triste esistenza. Cause, queste, che lo costringevano a condurre un più lento ritmo di vita, sottraendolo gradualmente alla sua attività lavorativa. Così, mi ritrovai a doverlo aiutare o addirittura sostituire in farmacia, in maniera sempre più assidua, e a studiare perciò durante le ore notturne. Era una situazione abbastanza difficile e dura; una situazione in cui diedi indubbiamente prova dell'enormità e consistenza della mia forza spirituale. La stessa che mi permise di superare sia quella che le altre successive angosce esistenziali.

Il 17 marzo 1923 compii venti anni e fu proprio in quel giorno che il mio caro padre Henri sì spense per via di un infarto. Sicuramente, oltre che all'età avanzata, la causa della sua morte è da imputare in prevalenza a tutte quelle lacerazioni interiori che aveva spietatamente patito dal momento della mia nascita in poi, fatta eccezione per quei primissimi anni di vita che erano però già stati cancellati e sommersi dalle susseguenti sventure e sofferenze. Fu un colpo veramente tremendo per me e per mia madre. Sembrava, alquanto paradossalmente, che qualcuno ce l'avesse con noi per chissà quali gravi motivi e che fossimo stati inesorabilmente prescelti quali vittime ignare di un interminabile calvario. Quella vicenda mi demoralizzò ulteriormente e riaccese in me un più netto sentimento di esasperazione e di intolleranza verso le disgrazie, che parevano tutte dirette contro la mia famiglia. Provavo, insomma, un grandissimo odio. Un odio quasi corposo che s'incarnava in ogni concreta parte di me, facendomi spesso vibrare. Sì, perché, a differenza di prima, si stava sviluppando in me un fresco senso di ribellione, un soverchiante bisogno di vendicarmi per tutto quel male che mi perseguitava e ch'io volevo invece neutralizzare.

Mia madre reagì con profonda amarezza alla perdita del marito, un'amarezza che cominciò pian piano a consumarla. Pianse moltissimo ed io cercai di starle più vicino che mai per darle un pò di conforto. Da parte mia, invece, avvenne quello strano processo che già precedentemente aveva accompagnato il corso di analoghi eventi negativi, il quale mi buttò prima in uno stato di estrema afflizione e poi risollevò l'animo mio con un rinato vigore esistenziale. Sicché, alla fine, una forza nascosta mi si sprigionò in tutto l'essere, rinnovando quella volontà mentale e razionale di agire e contrastare.

Pensai che, se esiste un fondo all'umano dolore, io lo avevo senz'altro toccato. Dunque, avrei avuto certamente qualcosa da guadagnare nel perseguire il mio scopo, anziché perdere. Ripresi, così, a studiare e a riflettere più accanitamente che mai. Frattanto, per ovviare all'improvvisa mancanza del babbo nel lavoro di farmacista, io e la mamma assumemmo un dottore di nome Cari Friedrick. Ciò nonostante non potei ridurre del tutto la mia presenza in farmacia poiché dovetti in qualche modo aiutare il nuovo arrivato, affiancandolo nella vendita dei prodotti e nel mantenere in ordine il locale.

Passavano lentamente i giorni ed io diventavo sempre più maturo e pieno di pensieri. Quante vicissitudini s'assiepavano densamente dietro le mie spalle! Però no, non volevo vivere di ricordi, non volevo continuare a torcermi in quel tormento. Mi sforzavo perciò di vivere intensamente il presente. Del passato mi rimanevano indubbiamente dei segni; segni alquanto vistosi, indelebili, che avevano contribuito moltissimo a sviluppare in me una più accentuata individualità riflessiva, facendomi divenire un ricercatore sagace il quale, attraverso la sua opera scopritrice, vuole vendicarsi della misteriosa ingiustizia che gli ha riservato una sì triste realtà.

Ma, allora, perché a volte ricadevo in un abbattimento tanto avvilente da scoraggiare interamente ogni mia speranza di riuscita? Come sempre, mi dimenavo atrocemente tra un polo e l'altro dell'animo mio, tra un sorriso e un pianto, tra un filo di luce e una penombra quasi abissale. In verità, le mie chiare aspettative rispetto ad un futuro finalmente tranquillo e disteso, ogni qualvolta m'affioravano in mente, venivano inavvertitamente oscurate dai foschi fantasmi delle difficoltà passate. Cosicché, l'unica vitalità che mi permetteva di proseguire in quell'arduo sentiero che era la mia esistenza, mi derivava solamente da una morbosa curiosità insita nella mia stessa natura e dal desiderio di vedere fino a che punto sarebbe giunta la mia conoscenza.

Le mie ore giornaliere di studio erano leggermente diminuite in quanto dovevo passarne alcune in farmacia per aiutare il dottor Carl. Potevo studiare solo il pomeriggio fino a tarda sera. A volte utilizzavo la calma della notte per soddisfare il mio bisogno psicologico di pensare o anche perché non potevo interrompere la lettura di un importante capitolo di uno dei miei libri scientifici.

Le documentazioni del dottor Simmonds affermano che nel nostro corpo vi sono diversi tipi di ghiandole, ciascuna con determinate caratteristiche di funzionamento. Alcune di esse versano il loro prodotto direttamente nel sangue e prendono così il nome di "ghiandole endocrine". Altre immettono il loro secreto nel sangue tramite un canalicolo e vengono dette perciò "ghiandole esocrine". Tali importanti organi secernono delle sostanze chimiche che esplicano effetti attivanti sul nostro corpo: queste sostanze sono gli ormoni.

Una sera, inoltre, mentre leggevo gli scritti di Simmonds, un fatto particolare fece aumentare in me l'interesse ad approfondire l'argomento endocrinico. Quel che mi aveva colpito era la descrizione di un morbo determinato da un'atrofia di una parte della ghiandola pituitaria,. atrofia che porta ad una carenza totale di alcuni tipi di ormoni. Tale malattia, secondo l'illustre dottore, può essere anche mortale. I suoi segni caratteristici sono la distrofia della cute, ossia l'alterazione della nutrizione della pelle, e il dimagrimento del malato. Ciò che mi destava interesse era il fatto che tale ghiandola era la stessa a cui Simmonds aveva attribuito la causa del mio male. Mi risultò quindi evidente che quello sarebbe stato il mio argomento prediletto.

A ventidue anni circa decisi di recarmi da Simmonds per salutano e scambiare con lui una proficua conversazione. Mi interessava, in particolar modo, documentarmi meglio sulla materia in questione e farmi dettagliatamente spiegare la mia malattia e la sua causa. Sicché una mattina, alle prime luci dell'alba, salii sul treno che mi avrebbe condotto ad Amburgo. Durante il viaggio avevo un umore lieto e giocondo; uno stato d'animo meravigliosamente radioso derivantemi essenzialmente dalle piacevoli immaginazioni su quell'incontro imminente, verso cui i miei pensieri già correvano precipitosamente.

Giunto ad Amburgo, però, ebbi tristemente modo di arrestare dette mie fantasie non appena appresi la notizia della morte del medico, che mi lasciò avvilito e scoraggiato. Fui preso da una sincera ed istintiva angoscia poiché quel luttuoso evento in un certo senso mi coinvolgeva. Infatti, era stato proprio lui, il povero Simmonds, a studiare il mio caso, a dedicarmi parte della sua sapienza, ad attenuare in qualche modo la mia sofferenza morale attraverso la sua eccellente saviezza e, in ultimo, a cedermi l'incalcolabile eredità del suo lavoro e dei suoi studi. Tornato a casa, poi, stetti a riflettere su quest'altra realtà. Pensai che era davvero uno sfortunato destino il mio! Il quadro complessivo della mia esistenza, infatti, era destinato a veder scomparire man mano quei già pochi elementi affettivi che le davano un po' di calore e di luce. Prima il mio caro babbo e adesso la persona che aveva fatto sorgere in me la volontà scientifica e razionale della ricerca, portandomi così alla vita anziché alla morte. Furono giorni mesti, duri, amari!

Poi, d'un tratto, capii che l'unico modo di rendere merito alla sua memoria era solo quello di continuare a studiare. Trovai la forza necessaria nella convinzione che gli uomini come lui, coloro i quali dedicano la propria vita all'altrui bene, non muoiono mai. E questo, in effetti, mi consolò alquanto.

Acquistai ben presto una padronanza notevolmente elevata e cognitiva della mia materia preferita, al punto che giunsi a diffidare apertamente di certe nozioni incomplete o ipotetiche riportate da alcuni testi. Insomma, mi fidavo oramai esclusivamente di me stesso e del mio amico Simmonds. Così, spesso ricorrevo a degli esperimenti per avere personalmente conferma di una certa nozione medica oppure per trarre nuove e inedite deduzioni.

Lo studio, quindi, aveva preso il volo in direzione della fisiologia e della morfologia di quella maledetta ghiandola pituitaria. Questa è suddivisa essenzialmente in tre parti: la parte anteriore, quella intermedia e quella posteriore. Se nella parte anteriore ditale organo cessa totalmente la produzione ormonale si verifica il brutto morbo descritto dal defunto medico. Ma la cosa più importante è che una semplice disfunzione del lobo anteriore causa in qualche modo la mia malattia. Completavo il mio lavoro di ricerca con esperimenti che conducevo su animali, vittime, purtroppo, della mia ste di verità. Fatto sta che queste tristi azioni mi portavano a verifiche e deduzioni importanti. Sapevo che la parte anteriore della ghiandola produceva sei sostanze ormonali, che cercai di isolare per accertarne gli effetti sull'organismo. Servendomi di potenti microscopi che mi ero procurato in parte nella mia farmacia ed in parte in un negozio specializzato di Amburgo, estrassi i sei ormoni dalla ghiandola di animali morti. Dovevo conoscere bene le funzioni di quelle sostanze e potevo fare ciò solo inoculando ciascuno dei sei ormoni in organismi animali per poi osservarne le reazioni. C'era un particolare ormone che, iniettato nelle galline, le induceva a covare; lo stesso ormone nei mammiferi provocava una secrezione lattea. Era dunque chiaro che tale sostanza ormonale stimolava le ghiandole mammarie alla produzione di latte.

Fui agevolato in tale mia applicazione di ricerca dal fatto che ormai in farmacia c'era quasi sempre Cari, per cui potei aumentare senza eccessive difficoltà il normale numero delle ore di studio. Inoltre, lo svolgimento di quegli esperimenti aveva fatto crescere in me un più forte e nuovo entusiasmo tanto che, a volte, perdevo completamente ogni cognizione di tempo e di realtà. Ero talmente preso dall'osservazione fenomenologica sviluppantesi in questo campo medico che non avevo più molti pensieri da spendere altrove, come ad esempio nella meditazione filosofica. Ero, insomma, totalmente rapito da questo inesplorato aspetto scientifico e, pertanto, tutto ciò che accadeva fuori dalle mura del mio laboratorio rivestiva ben scarsa importanza. Fu un periodo di dedizione assoluta, viscerale, in cui vidi crescere giorno dopo giorno la fiducia che riponevo in me come scienziato nella stessa misura in cui, per converso, diminuiva quella riposta sulle nozioni dei libri in mio possesso. Si rinsaldò in questo modo la mia coscienza critica e costruttiva.

Con vero entusiasmo continuavo intanto ad esaminare gli altri ormoni. Seguendo lo stesso metodo di sperimentazioni, seppi che quattro di essi erano accomunati dal fatto che tutti stimolavano lo sviluppo e il funzionamento di altre ghiandole endocrine sparse nella misteriosa macchina umana. Mi dedicai, infine, all'ultima sostanza ormonale la cui funzione era alquanto oscura e incerta. Somministrai ad un ratto estratti di ipofisi (questa era l'altra denominazione della ghiandola pituitaria), e ne osservai le strane conseguenze.

Nel giro di qualche mese, l'animale presentò una curiosa anomalia: cresceva molto e sproporzionata. mente. Logico, quindi, che il fenomeno mi destasse un più grande e vivo interesse. In pratica il mio esperimento aveva dato un risultato che, sul piano patologico, era l'esatto opposto della mia malattia. Il mio sviluppo corporeo, infatti, era stato decisamente scarso mentre quello del ratto, a cui avevo somministrato l'estratto ipofisario, era invece stato esorbitante ed anomalo. L'eccessivo accrescimento da me sperimentato era il fenomeno dcl gigantismo. Mi risultò conseguentemente facile intuire che tra le due opposte condizioni patologiche doveva esistere un fattore correlativo e che quell'ormone era sicuramente l'artefice di entrambi i morbi. Ad un altro ratto estirpai l'ipofisi e osservai che l'effetto ottenuto risultò essere contrario a quello avuto in precedenza. La bestiola infatti, in fase di sviluppo per la sua tenera età, smise di crescere, divenendo anche lui un Mark Silbermann. Trovai in esso un consorte, un essere che, seppure a livello istintivo, avrebbe forse avvertito il dramma della sua inferiorità fisica, O forse no. Forse nel suo mondo un simile dramma non esiste affatto perché magari lì sono del tutto sconosciuti il formalismo e il razzismo che caratterizzano invece noi animali ragionevoli. In ogni caso era chiaro che la mancanza della ghiandola pituitaria, e quindi la carenza di quell'ormone, aveva impedito l'accrescimento corporeo ed era anche ovvio che la sua funzione è quella di influire sulle ossa in fase di sviluppo. Esso

41

era, in sostanza, l'ormone dell'accrescimento fisico.

Ero così arrivato alla conoscenza globale del mio male, dalla sua causa originaria ai suoi effetti ed aspetti complessivi, ma non provai per ciò alcuna sensazione di vittoria e di conquista. Mi accorsi, infatti, che molte di quelle domande che mi ero posto inizialmente circa il funzionamento della vita, rimanevano tuttora prive di risposta perché, appurai, non erano affatto legate alla natura esclusivamente pratica ed empirica della ricerca condotta. In definitiva, continuavo ancora a chiedermi: chi o cosa regola i processi da me scoperti? In che maniera e perché? Di fronte a questi fondamentali interrogativi, mi trovai più che mai incerto, dubbioso, ed il mistero universale m'apparve ancora più lontano e maestoso. Considerazioni, queste, che mi portarono a percepire le figure umane perfettamente simili a quelle delle formiche. Nessun trionfo seguì dunque i risultati suddetti, ma piuttosto un avvilente senso di delusione e insoddisfazione. La mia ricerca, in pratica, era servita ad eliminare solo qualche velo esteriore, o meglio concreto, di quel sommo mistero che è l'intera esistenza e che restava ancora inaccessibile nel suo aspetto più alto ed inconcreto. Cominciai seriamente a temere che né io, né altri scienziati avremmo mai accennato a qualche scoperta in senso profondo ed assoluto. Era molto strano: io, che chissà cosa credevo di ottenere con quell'approfondimento scientifico, ero invece giunto ad un ulteriore vuoto, ad una grande e scottante delusione, nonché ad un desiderio di base rimasto inappagato. Fui pervaso, così, da un nuovo turbamento d'animo.

La confusione interiore mi ributtò in uno stato fortemente apatico, frustrante, e l'unica speranza che riusciva a farsi debolmente spazio nel mio animo era quella di poter riacquistare al più presto una certa serenità mentale. Speravo e aspettavo che il fluire del tempo provvedesse a sbloccare tale spaventoso ingorgo interiore.

Quei giorni, però, sembravano fissi e inamovibili, pareva che non volessero assolutamente scorrere, passare, andare via e scomparire. Pareva, insomma, che non intendessero minimamente liberarmi dai terribili morsi di quel tormento. Ero indubbiamente in preda ad un'altra crisi depressiva, ad una crisi totale della concezione. Stavo sfiorando la pazzia! In quei brutti momenti, inoltre, ero nuovamente tentato dall'idea del suicidio poiché credevo di trovare in quell'evasione drastica dalla realtà la redenzione dalla sofferenza. Infatti, l'unica via che avrebbe potuto condurmi alla quiete totale era solo quella della morte la quale, a sua volta, era per me anche quella della speranza. Capii allora, ancora più consistentemente, che l'esistenza dell'uomo è sorretta dalla speranza e più di prima condivisi quel detto che dice "finché c'è vita c'è speranza". L'uomo per vivere ha bisogno di sperare nel bene; ma allora, pensai, il bene è sinonimo di speranza!

Divenni ben presto sicuro ditale importante verità, il che mi diede un primo conforto in quanto non tutto era perduto. Ero approdato, intanto, alla considerazione essenziale che sta alla base di ogni cosa, quella che è la condizione primaria della vita umana. Il mio sforzo, dunque, doveva ritornare al centro di quella realtà, la speranza, per meglio esaminare la complessità di ciò che "è". Pertanto, decisi di partire subito da un'analisi attenta e lucida della mia crisi depressiva onde poterla sconfiggere ed appropriarmi così di un'ulteriore, tangibile constatazione. E fu proprio questo il mio impegno successivo. Notai allora quel che era esattamente accaduto dopo la delusione anzidetta, e cioè che l'unica mia vitale speranza aveva subìto una preoccupante incrinatura per cui sembrava adesso pericolosamente compromessa. Sì, la speranza di ottenere attraverso il lavoro scientifico una cognizione completa sulle varie realtà inerenti l'uomo e l'universo, aveva rappresentato per me la sola ragione di vita nonché l'unica via da percorrere onde raggiungere tale scopo. Ero seriamente convinto del fatto che solamente studiando ed approfondendo temi prettamente scientifici avrei avuto i mezzi per capire qualcosa circa la parte oscura dell'esistenza. Ora, invece, mi rendevo conto di quanto errato fosse simile mio orientamento e quanto avessi vagato fino ad allora sotto l'ombra fallace di un'illusione. Capii, in sostanza, che l'indagine non doveva essere limitata esclusivamente alla scienza, ma che doveva estendersi anche ad altri campi. Dovevo cioè attingere tali deduzioni da tutte le esperienze di vita che avevo fatto e che avrei fatto, non unicamente scientifiche ma anche amorose, sociali, filosofiche, ecc. Nondimeno capii che era necessario coltivare quella speranza di conoscere e scoprire senza la quale, appunto, avrei cessato d'esistere. Il fatto stesso che in quel periodo, grazie proprio a quell'insoddisfazione, avevo dedotto cose assai importanti, stava a dimostrare la validità di dette mie prime conclusioni e che la ricerca, pertanto, doveva essere rivolta in tutti i sensi. Questa convinzione mi liberò dalla crisi depressiva e rinvigorì le mie forze attive, anche se rimaneva in me il seme non del tutto svanito della precedente delusione.

Essa, infatti, era scomparsa soltanto parzialmente giacché mi aveva lasciato il vago e strano sapore di un presentimento quello, cioè, che l'uomo il muro del suo scibile non avrebbe potuto mai scavalcarlo. Era un sentore assai labile, quasi impercettibile, che s'insinuava man mano nel già contorto mondo dei miei pensieri. Però trattavasi, appunto, di una ancora incerta supposizione, un'ipotesi tra le altre, e se ciò era vero o falso avrei dovuto, come sempre, convincermene concretamente con l'evidenza dei fatti, al termine dunque della mia vita e delle mie ricerche. Questa vivace serie di riflessioni m'incoraggiò notevolmente e mi ridiede fede verso l'attività mentale e verso il bene. In effetti, col pensiero avevo creato i supporti stabili della mia vita, o per meglio dire, avevo subordinato la speranza di scoprire alla mia stessa esistenza. Cosa dunque avrei potuto più temere? Cominciai a credere che d'ora innanzi nulla avrebbe più potuto gettarmi in scoraggiamenti assai pericolosi e gravi dal momento che niente è in grado di abbattere, finché si è in vita, la potente forza del pensiero. E la prova di tutto ciò era perfettamente riscontrabile nei miei precedenti fatti esistenziali, laddove la suprema volontà pensatrice e razionale si era sempre vittoriosamente imposta su ogni drammaticità contingente e irrazionale. Con ciò, intanto, ero riuscito ad appagare uno dei miei più possenti bisogni, ossia quello di possedere un equilibrio interiore e un luminoso filo di speranza. E, contestualmente, avevo anche scoperto e definito con maggior chiarezza un'altra importante verità. Mi trovai infatti a toccare con mano e approfondire il concetto del 'bisogno" in generale. Mi soffermai attentamente su tale riflessione per fissarne ogni punto nella mia mente. L'analisi mi portò infine al raggiungimento degli attesi e assai preziosi risultati cognitivi, i quali passo qui ora a riassumervi   brevemente.

Noi uomini siamo dunque assoggettati a svariati bisogni, che possiamo dividere in due generi fondamentali: bisogni morali e bisogni materiali. Il primo tipo, quello morale, riguarda in buona parte il mio caso e quello di tanti altri poveri individui che trovansi nelle mie analoghe condizioni. Voglio altresì sperare che lo stesso sia comune ad altri esseri del tutto sani o normali che dir si voglia.

Il secondo tipo, invece, ossia quello dei bisogni materiali, interessa ogni componente organico esistente, per cui è superfluo ch'io vi ci intrattenga ora ulteriormente. L'appagamento di qualsiasi specie di bisogni sì identifica con quella che noi chiamiamo "soddisfazione". L'uomo perciò, come pure io, non vive che per soddisfare le sue necessità, sia fisiche che morali. In ciascun essere si creano delle esigenze, o forse è meglio dire che l'essere stesso è una complessa serie di esigenze. Ma allora, mi dicevo: ci sono quelle fisse ed in variabili, cioè quelle fisiche più impellenti quali il nutrirsi, il vincere il caldo e il freddo ed altre ancora di carattere fisiologico, e vi sono poi quelle morali che sono invece variabili poiché non in tutti hanno la medesima entità e gli stessi valori. Le esigenze mentali più importanti e più profonde sono forse imposte alla persona per un miglioramento spirituale e tutte si manifestano attraverso una principale istanza di scoprire: i misteri del pensiero, della realtà umana e dei fili che muovono il mondo.

Questo per quanto riguarda i bisogni non di tutti, per intenderci, ma quelli più alti e nobili, più impegnati e spesso persino più pericolosi per l'equilibrio psichico del soggetto. Poi, via via scendendo, si arriva ai bisogni più comuni, come quelli di credere e di amare una donna, un cane, la famiglia e gli amici. Infine, si giunge alle esigenze più degradanti quali, ad esempio, il bisogno visivo, quello di condurre una vita gaudente e frivola oppure di mirare ad una certa elevatura personale in senso di superficialità.

Questo è il caso della gente ambiziosa che pur di raggiungere una posizione "importante" dimentica i valori umani e si tinge l'animo di perfidia, di falsità, di cattiveria, di esagerato egoismo e di opportunismo. Insomma, quella gente che non fa certo uso di sani principi e di quell'alta moralità che gli recherebbe una immensità di soddisfazioni e di dolci emozioni, certamente enormi rispetto a ciò che la carne e la materia possono dare. Man mano il mio pensiero si evolveva, scavava e si inoltrava sempre più nel buio della grande verità nascosta. Nel contempo, esso si adoperava intensamente per mantenere accesa in me la vitale speranza relativa ai miei bisogni, i quali sarebbero stati sicuramente soddisfatti. L'uomo ha bisogno di sperare che la sua esistenza sia bella e cioè piena di gratificazioni, anche conquistate col sacrificio, ma purché vi siano ed appaghino le sue molteplici esigenze. Avevo così dedotto che quel bene in cui l'uomo spera per vivere si identifica con la soddisfazione, nel senso lato della parola.

Ad ogni intuizione e ad ogni conquista del pensiero il mio morale sorrideva e saliva di un gradino lungo la grande scala del mio operare. Era ormai evidente che la mia vita doveva sfamarsi di quelle soddisfazioni attinte unicamente dall'animo mio, e in un simile contesto sembrava addirittura che la materia di cui pure ero composto mi fosse quasi del tutto estranea, superflua. Da molto tempo i miei occhi si erano disabituati a vedere il divertimento fugace, quale è quello che le cose più materiali e futili possono certamente addurre ad un comune e negativo individuo. Cioè, ad uno di quegli uomini miseramente dotati di un'ottica alquanto limitata e di un ben scarso interesse per il lavoro riflessivo. Uno che si diverte pazzamente in osteria a canzonare qualche indifeso, ad usare solo la carne di una donna e sentirsi magari felice nel farne poi opera di spavalderia raccontandolo ai suoi simili. Uno di quelli che mi fanno sentire vergognosa l'appartenenza stessa alla razza umana. Ecco, il mio modo non dico di essere felice, ma sereno, era di altra natura, migliore, o perlomeno più coerente con il fatto di possedere un cervello e dei sentimenti. Probabilmente era stata la mia condizione fisica a predisporre le cose in modo tale da non farmi ridere cretinamente come molti altri, ma da indurmi a provare e conoscere la soddisfazione, la pienezza interiore qualora conoscessi, mi convincessi e credessi in me come scopritore di verità. Esistono quindi due modi di essere felici, ma con delle differenze direi sostanziali.

Infatti, la contentezza provocata dall'appagamento di una banalità o frivolezza è soggetta a finire ben presto mentre, invece, quella derivante dalla soddisfazione di un motivo morale, tanto puro e buono, permane nell'animo in maniera distinta e spesse volte immortale. Mi riferisco, in quest'ultimo caso, ai vari Simmonds che non muoiono mai perché lasciano, appunto, al genere umano i semi e i profitti di una vita intera unicamente spesa per esso. E ritorno qui a trattare di materia e di spirito in quanto è questo, in fondo, il concetto primario. Alla conclusione di quest'ulteriore processo mentale di acquisizione conoscitiva, infatti, mi si delineò più chiaramente che mai la cognizione ditale fondamento. Non v'erano più incertezze o dubbi: tutto ciò che è materia è fine a se stesso, limitato, chiuso, morte sicura; quel che invece è spirito non ha definibili confini ma può spaziare ed espandersi in ogni direzione e globalità, senza perciò mai perire o spegnersi. Questo perché lo spirito, probabilmente, è direttamente collegato al retroscena umano; prova ne è che più lo si allena e lo si cura e più si prova una indescrivibile sensazione di bellezza e di grandezza, simile appunto alla bellezza e alla grandezza che è dentro di noi. Avevo fatto, insomma, un'altra scoperta fondamentale, o meglio, avevo raggiunto un'ulteriore ragione di gratificazione e di sprono. Un successo davvero importante il cui risultato mi aveva ingrandito ancora di più l'animo e che poteva dirsi, perciò, molto incoraggiante.

Ma chissà poi perché: ogni qualvolta m'abbandonavo fiducioso ad una vittoria appena conseguita, ecco che un nemico nascosto repentinamente sferrava un contraccolpo inatteso con armi occulte e segrete, che io non potevo assolutamente evitare. C'era dunque qualcosa che ancora sfuggiva alla presa della mia mente, della mia razionale coscienza; qualcosa che riusciva ancora a rimanere celata dietro ignote barriere di chissà quale inesplorata parte di me. Un misterioso demone, insomma, dalla natura incerta, tutta ancora da scoprire. Tutto questo per dire che il periodo susseguente fu caratterizzato da una estesa condizione di debolezza, soprattutto mentale; un periodo in cui sia il pensare, sia lo studiare mi risultavano quanto mai vuoti, monotoni. Provavo una profonda e radicata tristezza, oltre che scoraggiamento e sconforto. Non riuscivo proprio a comprenderne le cause. Infatti, era un fenomeno molto strano giacché rappresentava una reazione negativa ad un risultato invece positivo. Eppure, con l'analisi recentemente compiuta, avevo acquisito basilari frammenti di verità i quali, messi poi insieme agli altri già precedentemente ottenuti e a quelli che avrei in seguito raggiunto, avrebbero composto la rivelazione finale e complessiva della vera realtà umana e universale. Però, signori della corte e del pubblico, soltanto adesso, riflettendoci bene, sono in grado di capire il perché di tanto scoramento e di tanta spropositata angoscia. Accadeva, cioè, che più aumentavano le mie conquiste concettuali, ampliandomi così in senso di coscienza e di ragione, e più in me cresceva la "consapevolezza". Solo in questo modo può avere spiegazione quella terribile sensazione di solitudine di cui ero inesorabilmente vittima. Sì, mi sentivo solo ed incompreso in una società di bambini ingiusti, capricciosi e materialisti, che si divertono in maniera assurda a prendere in giro il prossimo, specie se più debole e indifeso. Mi assalì un crescente disgusto verso gli altri. Con sempre più nitidezza vedevo il marcio nelle persone soltanto dai loro occhi, dal loro tipico comportamento ipocrita e formale, che raggiungeva il suo culmine particolarmente nei rapporti uomo-donna. Simili negatività, ripeto, le riscontravo inequivocabilmente in moltissimi atteggiamenti umani.

In quel periodo ci fu in me una revisione a freddo di certe esperienze passate perché, dato che da tempo ero costantemente chiuso in farmacia o in laboratorio, solo di quei ricordi potevo avvalermi al fine di meglio analizzare, studiare e continuare a trarre verità e giudizi sull'uomo. Mi riferisco, in pratica, a certe esperienze "amorose", ad altre fatte con gli "amici" e a quelle "umane" in generale. Ricordi che, una volta riaffiorati alla coscienza, si traducevano immancabilmente in tristezza; tristezza ingiusta dovuta alla madornale ignoranza della gente, alla mentalità distruttiva e orrenda di cui il mondo si va sempre più popolando. Stabilii, comunque, che l'unica e valida terapia per quei bruttissimi momenti di sconforto era quella di non vivere troppo nella proiezione del passato ma di sentire più ampiamente il presente. Concorreva inoltre a tale effetto curativo l'illuminata idea di un futuro migliore, pieno di appagamenti conseguenti alla mia attuale e assidua opera di semina.

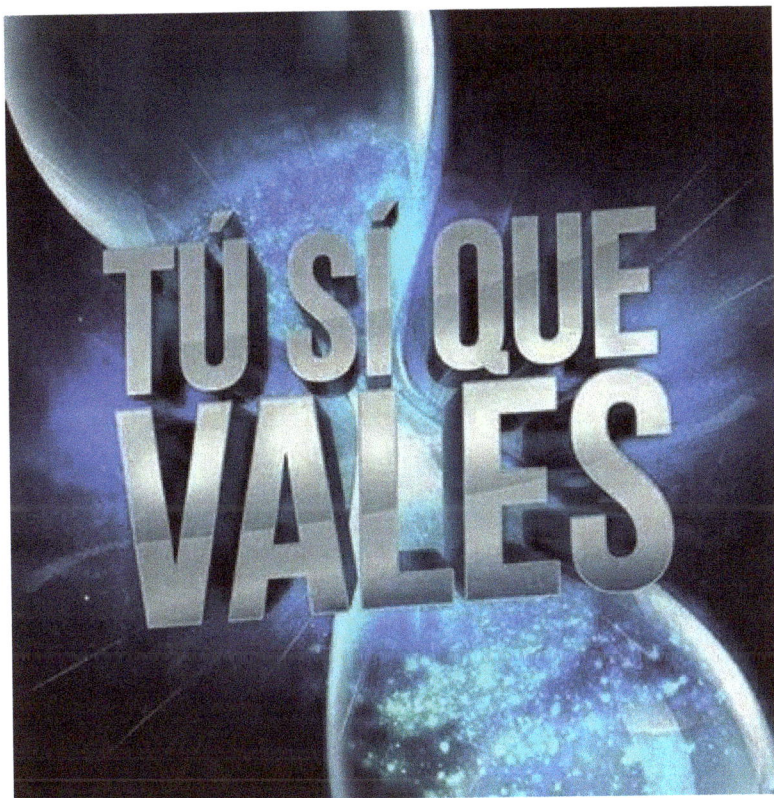

CAPITOLO IV

Il 10 settembre del 1926 è una data che ancora riluce nell'orbita interna della mia memoria in quanto ha incarnato in me ricordi mai sopiti o spenti. Si diparte infatti da quella data una fitta serie di avvenimenti i quali hanno fortemente inciso nella determinazione del mio sviluppo evolutivo. Ma procediamo con ordine.

Dunque, quella mattina ero in farmacia. Erano circa le 10 e mezzo quando sentii arrivare dalla piazzetta vicina delle voci e vidi, dalla vetrina del mio negozio, passare tanta gente che correva in fretta verso quella parte. Io, incuriosito, scrutai da dietro i vetri quella confusa situazione. Ma non riuscii a vedere altro che individui che correvano precipitosamente e che domandavano a voce alta cosa fosse accaduto. Decisi allora di andare a vedere, anche perché poteva essere utile qualche soccorso. Mi introdussi nella massa e mi diressi anch'io verso la piazzetta. Lì c'era come un cerchio di persone che per la loro compattezza non rendevano visibile ciò che circondavano. Dal centro di quel cerchio si alzò un grido, di particolare acutezza, che chiunque avrebbe capito era di dolore; il grido di una donna. Cercai di farmi largo in mezzo a quella folla e mi avvicinai infine ad uno che stava rannicchiato in terra tutto tremolante e con la testa poggiata su di un cuscino sporco di sangue. Attorno a lui c'erano una signora, probabilmente la madre, e altre persone vicine.

Il volto della donna appariva già straziato, orribilmente trasformato dal troppo piangere e dallo shock ricevuto da quella brutta scena. La signora gridava: "aiuto! Mio figlio sta per morire! Aiutatemi a fare qualcosa, chiamiamo qualcuno, un dottore, portiamolo in ospedale. Presto, per amor del cielo!!!". La cosa più impressionante era la fredda immobilità di molti che stavano lì attorno a quel povero disgraziato. Solo un esiguo gruppo di persone si era dato da fare chiamando un'ambulanza. Mi avvicinai al corpo dello sfortunato e cercai di individuare cosa esattamente gli fosse accaduto. Il volto ed i capelli erano sporchi di sangue. A dire dai suoi lineamenti doveva essere un giovane. Chiesi alla madre e ad un signore che gli tamponava la ferita sulla fronte con dell'ovatta, cosa

51

fosse realmente successo al ragazzo. La donna in un primo momento non mi udì neanche, tanto era presa dalla disperazione, ma poi disse: "Ah! Mark sei tu! Ecco! Il povero Hans è caduto dal balcone di casa. Si era appoggiato alla ringhiera quando questa ha ceduto improvvisamente facendolo rovinare per Otto metri. Capisci che cosa disastrosa?". A quelle parole rimasi stupito perché quel giovane era un mio compagno d'infanzia che da molto tempo non frequentavo più. Soltanto qualche volta egli veniva in farmacia per effettuare delle compere e parlavamo un po' del più e del meno, niente di particolare.

Hans ed io sin da piccoli eravamo in disaccordo, tanto è vero che era amico di Hermann ed insieme si divertivano a farmi del male, a canzonarmi e a mettere in risalto la mia menomazione. Era uno scalmanato, uno a cui piaceva solo divertirsi e far danni al prossimo. Era tutto l'opposto di me, uno di quelli che viveva di forma, di superficialità, insomma uno la cui esistenza era del tutto inutile ed assurda; almeno per me. Pensai in quegli istanti, con un po' di meraviglia, che un tipo negativo era stato punito dalla sorte. Comunque, Hans fu portato presto in ospedale e dopo qualche ora giunse in negozio la notizia che il giovane si era rotto la spina dorsale e che doveva passare il resto dei suoi anni su un'allucinante sedia a rotelle.

L'avvenimento mi portò a riflettere su tale circostanza e sull'effetto che essa mi produceva. Notai, così, che il mio stato d'animo non era granché addolorato. Infatti, l'emozione che mi aveva immediatamente pervaso nel momento in cui scorsi Hans tutto sanguinante, lì a terra, altro non era che una sensazione dovuta ad una semplice impressione visiva. In verità debbo dire che, in fondo, provai un generale senso di indifferenza. E ciò, a sua volta, era da imputare purtroppo a quell'antico desiderio di vendetta che con gli anni era sì sprofondato nel buio recondito del mio inconscio, ma pur sempre pronto ad emergere sotto la luce della ragione alla minima occasione ed opportunità. Già vedevo l'immagine di Hans inchiodato nella sedia a rotelle, dalla quale avrebbe probabilmente osservato il mondo diversamente, con un occhio più profondo e giusto. Intuivo che l'uomo, di fronte al male, diventa maturo e vero perché solamente in tali condizioni capisce cos'è il dramma, qual'è in realtà il concreto valore della vita e dell'amore.

Gli studi, intanto, li avevo messi da parte, almeno quelli scientifici, s'intende , mentre la mia attenzione era massicciamente dirottata sul caso Hans e sullo studio della sua possibile trasformazione. Trasformazione che rendeva prevedibile un netto passaggio della superficialità al profondo, dal materialismo alla spiritualità. Passò un po' di tempo in cui non seppi più niente del giovane infortunato, finché un giorno entrò la madre in negozio per comperare dei farmaci. Non esitai a domandarle quali fossero le condizioni salutari di Hans e dove esattamente si trovasse in quel periodo. La signora era visibilmente abbattuta e con aria sofferta mi disse che il figlio era da poco tornato a casa e che non avrebbe potuto più percorrere della strada se non con delle rotelle che gli sostituivano per sempre le gambe. Certo, nessuno meglio di me poteva capire il dolore che coinvolse quella povera signora ed il suo amato figlio. Io, che ho sempre vissuto nel dramma e nel male, ero perfettamente al corrente dell'oscuro incubo che avrebbe pervaso la dimensione interiore di Hans. Il caso mi interessava tantissimo, al punto che decisi di occuparmene più da vicino, in modo diretto. Cominciai allora a frequentarlo. Presi a recarmi a casa sua con una certa assiduità giacché più m'imbattevo nel suo fresco tormento e nel suo silenzio abissale e più sentivo il desiderio di far per lui qualcosa di positivo, di vivo e di concreto. Oh, sicuro, conoscevo fin troppo bene quell'avida indifferenza che adesso Hans mostrava verso tutto e tutti; quel profondo senso di distacco che gli avvolgeva la mente e il cuore in maniera così tangibile da farlo sembrare già precipitato in un gelido e irreversibile vuoto mortale. Quante volte avevo provato io simile sconcertante angoscia? Forse Hans era cosciente del suo silenzio o forse ignorava tale preoccupante situazione in quanto ciò era un trauma psichico inconscio. Comunque, cominciai man mano a parlargli, trattandolo in maniera tale da fargli sentire quanto vicino stessi al suo dolore, facendogli cioè palpare la calda intensità delle mie ferite. Gli dicevo che lo capivo benissimo ed anche che era indubbiamente grave la sua condizione, però nascondersi nel rifiuto aprioristico e nel mutismo non era certo la chiave giusta per proseguire a vivere. Gli spiegai quale sistema doveva adoperare portandogli come esempio il mio caso, non meno significativo e sofferto del suo. Gli ripetevo più volte che se adesso io ero vivo lo dovevo essenzialmente alla mia interiorità, alla mia forza morale. Cercai di fargli comprendere che esistono altri valori oltre le donne, il bere in osteria, il vagabondare e il pavoneggiare sfoggiando agli altri la propria presunzione e prepotenza. Esistono altre cose, gli ripetevo, ben più importanti, come ad esempio l'amicizia, il voler bene a chi merita, l'essere amati veramente, adorare un cane, un cavallo o una cosa, una persona esistente o immaginaria, un ideale o anche la propria mente e il proprio pensiero. Insomma, era il caso che si riempisse l'animo di tanti bei principi dai quali sicuramente trarre soddisfazione e vitale benessere. Con ciò, tuttavia, non potevo pretendere di ottenere risultati istantanei e definitivi in relazione alla malattia interiore di Hans. Il suo mutismo, infatti, era inizialmente molto compatto ed assoluto. Poi m'accorsi, però, che esso andava lentamente trasformandosi in tacita accondiscendenza, in una sorta di implicita approvazione per quel ch'io dicevo fino a che, in ultimo, si esplicitò sotto forma di più specifica attenzione e delineato interesse. Certo, la persona che lui era un tempo ora non doveva più esistere. Di quell'Hans spavaldo e brioso non rimanevano che le ceneri del ricordo, un ridimensionato nucleo individuale che doveva adesso essere interamente rivestito e completato da nuova sostanza. E in questo quadro generale, la componente interiore era indubbiamente l'unica che potesse ricoprire un ruolo principale, contrariamente a prima dell'incidente. In altre parole, Hans stava riorganizzando la sua struttura interna in modo tale da adattarla alla modificata situazione esterna. Il che, quindi, stava a significare che primi bagliori di vita s'insinuavano gradualmente nell'oscura sfera del dolore in cui era infelicemente piombato. Così, iniziò a suo modo a reagire, a sforzarsi di cercare una via di salvezza che potesse restituirgli la perduta "stabilità", anche se quel tipo di via non gli era stata fino ad allora affatto pensabile né congeniale. In pratica, cominciò dentro l'animo suo l'assai cruenta battaglia tra due forze contrarie ed inflessibili le quali cercavano, con ferocia estrema, di conquistare l'esclusivo monopolio dell'intero essere. Tali forze rappresentavano, in sostanza, l'attaccamento al suo tipo di vita precedente da un lato e, dall'altro, una nascente e profonda volontà di salvezza da quell'atroce tortura che lo faceva ora soffrire. E soffrì indubbiamente molto dato che ad avere la meglio sembrava proprio essere l'attaccamento al materialismo. Comunque, Hans si trovava di fronte ad una scelta drastica che, più che una scelta, io definirei una diramazione obbligatoria. Una strada lo avrebbe condotto al ricordo doloroso, al tormento e probabilmente anche al suicidio, come rimedio estremo, mentre l'altra, molto ardua, a differenza della prima era la via del distacco dalla sofferenza morale; proprio quella che io stesso ho scelto, ma che non percorro mai perfettamente senza inciampare nel richiamo del materialismo e del formalismo.

Avevo così messo a fuoco un'altra realtà della vita. Rimaneva, però, un gran problema ancora da risolvere: fare quella scelta dipende da noi? Mi immaginavo l'uomo composto di materia e di spirito. La prima componente è fine a se stessa ed uguale per tutti. Ciò che determina differenze tra gli uomini è indubbiamente la presenza più o meno grande o forse l'assenza dello spirito. Quindi, nell'uomo compare un primo strato che è quello materiale, poi un secondo, quello spirituale appunto, che varia. Ero sempre più certo che dal secondo strato si può accedere alla conoscenza delle realtà spirituali, ossia quelle realtà che cominciano laddove finisce la materia. C'è chi è curioso di conoscere tali realtà e chi no. Il primo, spinto da un più o meno acceso interesse dell'ultramateriale, accentra maggiormente le sue forze nel cervello e con esso intensamente lavora verso quella direzione. Per chi invece è, potremmo dire, "spiritualmente morto o refrattario", il discorso è un altro, diametralmente Opposto al precedente. In questo caso, infatti, cervello e pensiero sono orientati solo nell'altro senso, ossia in quel campo in cui non c'è che l'espressione concreta e contingente della vita. Ecco così che spuntavano a galla altri problemi, dubbi, nuovi quesiti e incompletezze che si ammassavano nella mia mente seguendo un andamento ritmico e spiraliforme. Tornavo a dimenare la ragione tra una domanda e l'altra, spingendola forsennatamente alla ricerca di soluzioni e verità. Vorticosamente arrancavo in quell'occulto labirinto dell'ignoto che sovrasta ogni forma ed apparenza, nella speranza di raggiungere il tanto sospirato accesso alla sapienza, alla reale cognizione del "Tutto". Allora mi chiedevo: la vita sta dunque dietro alla materia, ossia accanto allo spirito? C'è forse qualcosa che li unisce? Tra gli uomini esistono i curiosi e i refrattari: perché? Si può essere esclusivamente spirituali, o viceversa, senza per ciò essere influenzati dall'altra entità?

A domande seguivano considerazioni quali, ad esempio, questa: le due parti, insieme, costituiscono l'Universo. E a considerazioni seguivano poi altri interrogativi. Tali diverse componenti cooperano tra esse o si contrappongono: perché? L'essere più o meno spirituale è determinato dalla conoscenza che si ha delle realtà ultramateriali? Perché? A dette realtà spirituali appartengono anche quei valori umani come l'amore, la morale, l'amicizia, ecc.? Comunque, l'evidenza dei fatti sembrava porre purtroppo nell'uomo le due entità in contrasto e non, in complementarietà. Lo stesso, nonostante gli sforzi strenuamente impiegati per condurre una vita "pura" e piena di valori etici e profondi, spesso soffrivo moralmente. Ma forse tale mia sofferenza era semplicemente dovuta ad una mancanza di inserimento sociale, di calore umano, insomma, all'influenza negativa della povertà spirituale degli altri. Questo, però, non mi impediva di credere che fosse possibile raggiungere la perfezione o l'esclusività assoluta del vivere in un senso o nell'altro. Così come dovevo tenere presente, del resto, che per conoscere ciò che ci circonda bisogna indagare col pensiero, con la spiritualità, e ciò si può ottenere solo trascurando completamente o quasi la materia. Temevo che non sarei mai riuscito a raggiungere quello scopo in modo scrupolosamente assoluto e vero, ma come sempre ciò non lo dimostrava concretamente, per cui non dovevo far altro che continuare a studiare i fenomeni dell'uomo e della vita.

Tornando ad Hans debbo dire che il suo caso m'incuriosiva e toccava in modo particolare, come ho già spiegato prima, e pensavo che, facendo mia la sua esperienza, avrei potuto ulteriormente esaminare il complesso svolgimento di quell'intimo processo di determinazione individuale ch'io avevo già abbondantemente attraversato in ogni sua principale fase e successione. In pratica, l'osservazione della scelta che il giovane si accingeva a fare, cioè quella tra l'imbocco di una via o dell'altra, mi dava un'importante occasione di approfondimento e di verifica in tal senso. Con ciò non voglio certo dire che la mia fu una presenza puramente passiva o inerme nei confronti del suo difficilissimo problema, il che sarebbe stato spropositatamente cinico e crudele. Mi posi, infatti, discretamente al suo fianco è cercai di rappresentare per lui un aiuto sincero, un sostegno fidato ed efficiente pronto a intervenire ad ogni eventuale richiesta di soccorso.

In ogni punto cruciale della sua crisi esistenziale io tornavo a descrivergli la differente natura dei due opposti sentieri, quello del materialismo e quello della spiritualità, onde condurlo ad una più esatta consapevolezza della realtà delle cose e preparare così l'animo suo in vista di una scelta più vitale e giusta. La quale, gli dicevo, non poteva essere che quella dell'interiorità, e perciò del bene, in quanto solo con essa egli avrebbe potuto eliminare oppure alleviare la sua agonia morale. Così era avvenuto per me, ragion per cui ero e sono tuttora convinto di preferire, nonostante le maggiori difficoltà ivi incontrate, quella sofferta via spirituale grazie alla quale ho avuto una vita di relative soddisfazioni e di stimoli di speranza che hanno positivamente alimentato la mia esistenza.

La situazione personale di Hans, quella più intima e profonda, lasciava tuttavia presagire buoni risvolti e risultati, mentre la condizione esterna determinatasi intorno a lui dopo la sfortunata caduta era delle più squallide e desolate. Condizione questa che, seguendo un collaudato clichè, era andata rapidamente mutandosi, venendo così a determinare null'altro che vuoto e solitudine. Mi riferisco cioè al fatto che tutti quegli "amici" di cui era prima colma l'esistenza del giovane scapestrato, così borioso ed esaltante, parevano ora dissoltisi improvvisamente nel nulla. O per meglio dire, quando Hans era perfettamente simile, in negativo, agli altri, riceveva da essi stima e considerazione mentre adesso che una diversità lo distingueva da quei banali uomini più nessuno si ricordava di lui. Oh, non che me ne meravigliassi! Solo che il rivivere quest'ingiusta e disumana situazione, seppure attraverso un'altra persona, mi rinverdì nuovamente d'odio e di rabbia; deplorevoli sentimenti ch'io vidi riaccendere in cuor mio verso gli altri, verso frivolezze e razzismo sempre più dilaganti. A tale brutale risveglio emozionale, però, s'aggiunse questa volta un bisogno mai conosciuto prima; un impulso alquanto intenso e forte che mi portò a desiderare espressamente la sofferenza degli esseri perfidi e cattivi, ma ciò non tanto per non sentirmi più solo nel dolore quanto piuttosto per far loro capire cosa esattamente è la sofferenza e quanto noi uomini dovremmo perciò unirci nell'amore e nel bene.

Chissà, fu forse la sua prima considerazione di questa realtà che risucchiò lentamente Hans nella sfera dell'altro campo umano, quello cioè ove non esiste né forma né apparenza esteriore e dove si ottiene rispetto per il solo fatto che si "è". A mano a mano che la sua ragione s'avvedeva delle infinite contraddizioni insite nel comune comportamento degli individui, nonché della sottostante base di ipocrisia, egli giungeva, forse ancora inconsapevolmente, ad avvalorare il dialogo con me, la sincerità e verità delle mie parole, dei miei atteggiamenti. E simili progressi dell'animo suo furono quanto prima evidenti, manifesti, tanto che sua madre me ne ringraziava immensamente ogni qualvolta (spesso) andavo a trovarlo. Giunse così ad apprezzare sempre più la mia compagnia perché s'accorgeva che con me riusciva ad essere sereno, tranquillo, dimentico di ogni banalità ed ingiustizia circostante. La palese riprova dello sviluppo di Hans la ebbi un giorno in cui, per via di un incantevole sole tiepidamente radioso, decisi di condurlo a fare una passeggiata per i giardini di Wismar. Qui vidi, dopo un lunghissimo anno di gelida angoscia e di oscuro dolore, gioiosamente spuntare sul suo pallido volto un luminoso e caldo sorriso, ancor più spiccato di un qualsiasi raggio di sole. Allora, attraverso il tono disteso della sua voce e l'improvvisa pienezza delle sue parole, inequivocabilmente capii che il giovane aveva scelto la via del bene, dell'amicizia e dell'interiorità positiva. Fu quello, per lui, l'inizio di un miglioramento graduale dello spirito che lo portò ad inciampare sempre meno negli ostacoli frapposti dal materialismo. Egli arrivò al punto da star male ogni volta che me ne andavo, talmente piacevole o addirittura catartica trovava la mia compagnia. Confesso che anch'io mi ero molto affezionato a lui e non vedevo l'ora di andarlo a trovare per poi passare dei momenti di sincero abbandono spirituale. Finalmente avevo trovato un vero amico al quale confidare ogni cosa, con cui dividere amarezze e gioie. Giungemmo ben presto a capirci su ogni cosa, sia che si trattasse di analisi riguardanti il mondo esterno che di altre relative al nostro mondo interno, e ciò determinò una specie di perfetta simbiosi spirituale la quale integrava a vicenda i nostri animi, le nostre menti e, insomma, le nostre rispettive complessità. Cosa che, ad esempio, ci portò a provare infinita gioia e felicità alla sola constatazione della contentezza dell'altro, della sua ottima salute fisica e morale. Si stabilì un rapporto di vicendevole scambio, d'idee e d'emozioni, che fece scorrere in noi pulsanti sensazioni del tutto nuove, intense e perciò quanto mai possenti e vive. Iniziai a credere veramente, con più esatta cognizione di causa, che l'uomo diventa buono e sano di principi solo o anche di fronte al male perché pare che solamente quando è posto dinanzi all'estremo e al dolore egli acquisti un'ottica ben più completa ed ampia rispetto a quelle due entità essenziali che sono, appunto, il bene e il male.

Più Hans ed io passavamo il tempo insieme e più si aveva la stupenda sensazione di riempirsi l'animo di contentezza, di beatitudine e di affetto che, specie nel mio caso, solo da mio padre e da mia madre avevo ricevuto fino allora. Sembrava che finalmente qualcuno mi avesse ricompensato per le fatiche del mio immane lavoro interiore dandomi tutta la gioia e la soddisfazione di cui non avevo mai goduto precedentemente. Prima disprezzavo enormemente Hans ed ora invece lo stimavo enormemente, forse più di me perché, mentre io ero già nato di fronte a quella situazione che mi imponeva una simile scelta, egli aveva dovuto imboccare l'ardua strada del profondo più tardi, dovendo così passare da una modalità di vita ad un'altra e compiere sforzi sicuramente più grandi dei miei. Era veramente straordinario il fatto che solo dopo poco più di un anno da quella drammatica svolta, egli era più soddisfatto ed ancor più convinto di me riguardo a quella via che avevamo imboccato. Stava divenendo per me un modello quasi perfetto da imitare. Difatti, nonostante il grave incidente che lo aveva costretto a rinunciare per sempre all'uso delle gambe, aveva più momenti di serenità che di tristezza. Era tutto così sublime e meraviglioso da indurmi a credere, a volte, che fosse solo un sogno, un dolce e magnifico gioco della mia fantasia. E invece no, era proprio vero! Quella stupenda esperienza era ben incarnata nella realtà, allo stesso modo in cui una inesauribile sorta di felicità concretamente vibrava nei nostri cuori. L'uno, insomma, era la gioia dell'altro; fatto questo che ci faceva sentire particolarmente responsabili nei confronti della nostra stessa vita, in quanto questa dipendeva principalmente dalla fede e dalla bontà che reciprocamente riponevamo in noi e nella nostra amicizia. Fu un periodo, inoltre, assai fecondo non solo di sentimenti e di emozioni, ma anche e soprattutto di deduzioni ed acquisizioni concettuali. Infatti ora, grazie ad Hans, avevo ben chiara l'idea di amicizia, quella vera naturalmente, e quanto essa sia utile per migliorarsi interiormente, venendo a conoscenza di tanti buoni e sinceri valori. Pertanto, in una simile fase di accrescimento morale, né io né lui avevamo più paura dell'importantissimo ruolo che rivestivamo, ma ci sentivamo anzi fieri di quella nobile incombenza che chissà chi o cosa aveva voluto attribuirci. Sì, ora eravamo più che mai certi della solidità ditale nostro sentimento di amicizia, della sua indistruttibilità e maturità, il quale univa il nostro comune e sommo desiderio di redenzione e d'amore.

Fluivano in questo modo i giorni; pezzetti d'esistenza che ancora brillano nella mia anima d'una purezza assai rara e che grandiosamente risaltano nei composito mosaico della mia vita. Altro tempo che va, altre vicende che vengono. E, infatti, mi accingo adesso a narrarvi un avvenimento altrettanto importante ai fini di una sostanziosa comprensione della mia persona; un avvenimento che, al pari degli altri sin qui riferiti, potrà farvi meglio capire il perché della mia presenza in questo luogo. Torno perciò a pregarvi di prestare ancora attenzione al resto di questa mia storia ch'io vi sto raccontando, credete, rivestita della sua più fresca e coerente originalità, cioè nella sua autentica matrice di cause, effetti e successioni. Dunque...

Una mattina entrò in farmacia un tizio, ch'io non vidi subito poiché mi trovavo in quel momento nella stanza retrostante a sistemare certi medicinali da poco arrivati. Dopo un pò udii una voce innalzarsi petulantemente di là dal muro, in maniera tanto arrogante e insolita da indurmi a sospendere ogni faccenda in atto per andare a vedere di cosa si trattava. Scorsi immediatamente di là il dottor Cari che parlava, o almeno ci provava, con un signore esageratamente concitato, di nero vestito ma già rosso in viso a causa dell'animosità dei suoi gesti e delle sue parole. Quando il collega mi vide spuntare dal locale contiguo, mi venne subito incontro per mettermi al corrente di quanto era realmente accaduto. Mi disse, sottovoce, che quella persona, appena entrata in negozio, aveva chiesto di parlare col titolare della farmacia. Ora, siccome Cari stava in quel momento trattando con un altro cliente, non aveva potuto avvertirmi e aveva perciò gentilmente pregato costui di aspettare un p0' fino a che non si fosse liberato. Era avvenuto, però, che a quel cliente era seguito un altro, ragion per cui l'attesa dell'incredibile signore si era dovuta prolungare ulteriormente. Fu a questo punto, concluse in fretta Cari, che il tizio aveva incominciato a dare esuberanti segni d'irrequietezza, nella maniera che ora ben si vedeva e si udiva. Ma, stupida umanità, pensai tra me e me! Mi sforzai tuttavia di essere gentile e tirai fuori, all'occorrenza, qualche parola di circostanza che potesse sedare ogni ira e bestialità. E stranamente vi riuscii. Egli, allora, mi spiegò il suo problema.
Mi disse che era affetto da un male di natura infettiva, broncopolmonite per l'esattezza, e che cercava perciò qualche buon farmaco in grado di debellarlo. Per conto mio gli risposi che si poteva fare qualcosa, ma che bisognava attendere un po' di tempo perché avrei dovuto richiedere un'importante sostanza ad azione antibiotica, recentemente scoperta da un già noto medico inglese cli nome Alexander Fleming. Eravamo, infatti, nel 1929 quando, appunto un anno addietro, nella vicina Inghilterra si era segnata la storia della medicina con una straordinaria scoperta: quella della penicillina.
Mentre gli comunicavo queste cose, intanto, vedevo che il tizio mi fissava in modo un po' incerto, stupito, come se fosse tentato di domandarmi qualcosa di carattere personale. Ma

anch'io percepivo qualcosa di strano, d'indecifrabile, qualcosa che mi penetrava nei sensi con fare sottile, indistinto, strisciante. Quando poi gli chiesi di lasciarmi nome e indirizzo per avvertirlo non appena fosse arrivato il prodotto, ricevetti una sorpresa fulminea che mi raggelò il sangue. Il rauco suono di quel nome, infatti, condusse la mia mente ad associare l'attuale aspetto di quell'uomo ad un altro, ormai passato tra i ricordi, riguardante un ragazzo dalla ferrea insolenza che aveva un dì infranto la mia quiete innocente insieme al mio pupazzo di neve. Era proprio lui, l'Hermann di quel funesto gennaio del 1914. Ora capivo perché mi fissava in quel modo! Cercai di rammentare meglio le trascorse notizie su di lui in relazione alla sua successiva ed improvvisa assenza da Wismar. Non ci misi molto a ricordare il fatto che Hermann, nel 1916, aveva dovuto recarsi con sua madre a vivere presso parenti ad Hannover in seguito alla perdita del padre, caduto nella battaglia contro i francesi a Verdun, sulla Mosa. Ma allora, perché mai era tornato ad abitare a Wismar dopo tanto tempo? Comunque, non gli dissi nulla di tutto ciò, né del fatto che lo avevo individuato, e lo congedai normalmente così come si congeda un qualsiasi altro cliente. Rimasto solo, poi, fui vittima di mille pensieri ed emozioni, mentre lontani ricordi dell'animo mio affioravano vorticosamente alla superficie conscia della mia mente. Risentii i feroci morsi di quell'angoscia. Rivedevo continuamente la pungente malvagità con cui Hermann bambino travolse quel giorno il mio bianco pupazzo e così anche il mio cuore. Riascoltai ancora il gemito sordo del mio primo dolore e il suono nascosto di quelle lacrime. Fui dominato, insomma, da un turbamento assai intenso che mi restituì integralmente a vecchi sentimenti di odio e di rancore.

Quella stessa notte non riuscii a chiudere occhio, come pure in varie notti successive. Giorni terribili in cui maturò in me la demoniaca serpe della vendetta. Non potei sottrarmi ad essa, al suo devastante potere, giacché per troppo tempo avevo sopportato il velenoso accumulo di ostilità e di ingiustizie sì lungamente protratte. La sua sinuosa essenza s'incorporò radicalmente in ogni parte di me, sino a pervadere financo i miei pensieri. I quali, dunque, andarono colorandosi irrimediabilmente di nero per dare poi libero sfogo e finale esplicazione ad ogni occulto volere dell'animo mio. Pertanto, furono del tutto perverse le mie elaborazioni mentali conseguenti, eccezionalmente sconquassati e truci, in quanto svolgentesi sotto l'oscuro monopolio ditale irrazionale, incontrollabile forza satanica. Nulla di strano, quindi, che quest'aberrante processo giungesse poi ad altrettanto aberranti conclusioni. Voglio cioè dire, signori, tornando alla progressione pratica del racconto, che non richiesi mai quella penicellina poiché avevo già implicitamente stabilito che una sostanza tutt'altro che curativa avrei consegnato ad Hermann, e precisamente: una abbondante dose di ormone dell'accrescimento. Ogni mia energia fu perciò impiegata, da quel fatale momento in poi, per l'esecuzione materiale di questo tanto abietto progetto. E il primo problema che mi si presentava immediatamente innanzi era quello di come procurarmi detta sostanza ormonale. L'unica soluzione possibile a tal fine, dopo averci riflettuto un po' su, mi parve proprio essere quella di usare un cadavere umano. Sì! Era la sola cosa da fare: impossessarmi di un'ipofisi da cui direttamente estrarre l'ormone che più mi interessava. Di conseguenza, mi occorreva necessariamente un cimitero, non molto in vista e un po' fuori mano, ove reperire la materia prima con cui dare avvio all'operazione.

Trovai il luogo adatto dopo qualche giorno di minuziosa ricerca e osservazione. Il cimitero era un po' incustodito perché la zona in cui si trovava apparteneva al retroterra del paese e si ergeva su di una collina franosa, cosicché nessuno si prestava a sorvegliarlo nei giorni di pioggia. Perfetto! Tutto si predisponeva a mio favore, tutto prendeva la giusta piega, cosa che incoraggiò enormemente ogni mio intento. Senza tentennamenti passai allora alla seconda fase del piano, che avevo già studiato in modo assai chiaro e scrupoloso. Con molta accortezza e discrezione corsi in paese ad informarmi circa i recenti decessi, annotando particolari e date con precisione estrema onde evitare il rischio di eventuali errori e pericolose perdite di tempo. Dovevo arrivare, infatti, prima della putrefazione del cadavere. Ormai tutto era pronto. Persino la pioggia intervenne a facilitarmi ogni cosa, rendendo cioè favorevole il compito della susseguente azione. E fu proprio in quella notte

63

di tempesta che mi diressi in cimitero.

Per strada, in paese, non c'era anima viva ed io passai perciò inosservato in mezzo alla complicità cupa di quelle corpose tenebre. In quegli istanti pensai che ero davvero convinto di ciò che stavo per compiere e, inoltre, che tale desiderio in me non era sorto unicamente da un'esigenza di vendetta, bensì traeva ugualmente origine da una radicata e forte curiosità scientifica. Si, il riprendere in mano l'argomento medico, infatti, aveva riacceso in me l'antico entusiasmo scientifico, determinando al mio interno una situazione assai strana. Voglio dire, in pratica, che il bisogno di vendetta e di giustizia s'era stabilito infine nell'animo mio, ossia nella mia sfera irrazionale, mentre la rinata brama scientifica era andata invece ad insediarsi entro i razionali confini della mia mente. Ci fu, pertanto, uno sdoppiamento d'emozione le quali, sebbene separate tra esse, operavano in via parallela e simmetrica sulle vicende in atto.

Mi rendo conto, signori, che quanto sto dicendo possa fornirvi un 'immagine estremamente contraddittoria della mia persona. Mi sono prima descritto come individuo buono e rispettoso, straripante di candida umanità, ed ora vi trovate invece alle prese con me scienziato orrido e crudele. So benissimo che per questo io v'appaio adesso spietato, ingiusto, ma non è così. E difficile per chi non ha vissuto simili drammi comprendermi. Bisogna vivere certe agonizzanti situazioni, o per lo meno, bisogna possedere una grande sensibilità, un'ottica profonda ed obiettiva per capire i tanti Mark Silbermann che nascono al mondo. Compiendo quell'azione, apparentemente malvagia, avrei probabilmente reso consapevole Hermann di quanto brutto e lacerante sia il dolore fisico e morale. Speravo che in tal caso si potesse pentire della sua vacuità e pertanto rimettere nella strada del giusto e del rispetto di sé e degli altri.

Speravo, in definitiva, di indurlo a capire che non me doveva emarginare, bensì il male. Inoltre, eseguendo quell'esperimento mi sarei preso un'equa rivincita, forse neanche troppo esagerata se si considera che Hermann era cattivo e dannoso non solo per me ma pure per gli altri. A rafforzare tale convinzione, con- correvano alcune voci circolanti

64

in paese sul passato di quel mostruoso individuo, e mi riferisco qui ad una raccapricciante notizia che spronò ulteriormente ogni mia esasperazione nei suoi confronti. Seppi, infatti, che aveva trascorso diversi anni in carcere perché colpevole di aver infortunato a vita un ragazzino, già di per sé affetto da una certa malattia congenita. La cosa mi portò a dedurre che in lui non era affatto cambiata l'indole maligna, ma che era andata anzi peggiorando dacché aveva lasciato Wismar. Insomma, sembrava proprio che le cose s'erano disposte in maniera tale da scegliere me, quale rappresentante di tutti i sofferenti, per punire e neutralizzare quell'individuo diabolico e umanamente nocivo.

Dopo circa un mese Hermann passò nuovamente in farmacia, rendendo evidenti i segni di un avanzato peggioramento della sua broncopolmonite. Gli dissi che il farmaco da lui richiesto era già arrivato e gliene consegnai le fiale, avvertendolo che il relativo contenuto doveva essere introdotto nel torrente sanguigno con una semplice iniezione. Egli rispose, col solito tono fermo e altero, che a ciò avrebbe pensato sua moglie; dopodiché si affrettò a pagarmi e altrettanto rapidamente, nonché sprezzantemente, uscì dal negozio.

Dopo quell'importante esperimento, il cui esito si sarebbe manifestato solo dopo diversi mesi, ripresi a studiare e approfondire le nozioni sulle altre ghiandole endocrine, prevalentemente su quella pituitaria. All'inizio volli fare del male ad Hermann forse solo per prendermi una rivincita e per rendere lui cosciente di quanto ingiusto e vile sia stato con gli altri. Adesso ero sempre più convinto che l'infausto inganno che gli avevo teso era avvenuto perché in quel modo avrei reagito non ad Hermann individualmente, ma alla malizia, all'odio, al dolore che lui stava ad incarnare. Quel male che mi aveva tanto perseguitato, specie da piccolo, quando non ero ancora in grado di difendermi, di far uso di quello scudo morale che soltanto dopo, al prezzo di duri stenti e sacrifici, ho elaborato; quel male i cui effetti si traducevano poi in complesso di inferiorità, di emarginazione, di frustrazione continua. Insomma, quel male che è apparso più volte in tutta la sua negatività davanti ai miei occhi innocenti. Per cui ritenevo esplicitamente che quell'azione fatta nei suoi confronti era espressione di bontà, di giusta intolleranza verso quell'astratta ma esistente entità che rappresenta il grande antagonista della vita: il male.

Provai lo stesso esperimento che avevo fatto ad Hermann su dei ratti, per chiarire ed appurare le affermazioni scritte da Simmonds circa le possibili alterazioni verificabili in un organismo al quale si fosse somministrato l'ormone della crescita in quantità eccessiva. Lo sperimentai prima su dei ratti piccoli e poi su alcuni già adulti. Ma stranamente si verificava che in entrambi i casi l'introduzione della sostanza ormonale, responsabile dello sviluppo corporeo, causava un gigantismo armonico, che interessava cioè tutto il corpo proporzionatamente. Invece, nel caso umano si sapeva che l'effetto dello stesso esperimento fatto su di un individuo piccolo di età e su uno adulto sarebbe stato notevolmente diverso. Nel primo caso ci sarebbe stato, durante la crescita del soggetto, un gigantismo armonico, mentre nel caso di un adulto, un ingrossamento sproporzionato delle estremità ossee. I diversi dati, quindi, non erano tra essi minimamente raffrontabili e allora, se per alcuni avevo ottenuto un tangibile riscontro (in riferimento ai ratti), per gli altri dovevo solo attendere, perché era quello (in riferimento ad Hermann) il primo esperimento del genere effettuato su un uomo. Mi rassegnai perciò ad aspettare l'evoluzione del caso in questione per poterne verificare ogni aspetto, sviluppo e conseguenza.

Nel frattempo, durante le ore libere, mi recavo da Hans e insieme a lui trascorrevo fantastici momenti. Io ero sempre meravigliosamente lieto di stare in sua compagnia, tanto più adesso che avevamo trovato un comune impegno da portare avanti, un progetto straordinario e grande che innalzava ancor più i nostri cuori. Poco tempo prima, infatti, era maturata in noi un'esigenza del tutto nuova, improvvisa, e cioè quella di scrivere un libro. Un lavoro, insomma, attraverso cui lasciare al mondo la più sincera testimonianza delle nostre non comuni esistenze, in cui immortalare e incidere le vivide tracce del nostro sacrificio. In questo libro volevamo elencare dettagliatamente, con meticoloso ordine logico e razionale, tutte le deduzioni, le scoperte e le osservazioni sulla vita cui eravamo giunti nel corso del nostro travagliato e fitto lavoro mentale.

Intendevamo così esternare, nella sua più integrale purezza, quel nostro contenuto interiore che ci catalogava tra i pochi uomini degni ditale definizione, e per suo tramite parlare poi ai tanti che il significato della parola "uomo" ignorano completamente. Tutto ciò, ovviamente, era insito nella speranza di riuscire un domani a diffondere l'elevato messaggio d'amore che in ogni nostro discorso è presente, di riuscire a indurre l'umanità alla riflessione valida, nonché a capire qual'è il giusto modo di vivere e di essere uomini. Descrivere cosa significava per noi quella scelta e cosa provavamo nel realizzare giorno dopo giorno quel libro è alquanto difficile; posso solo dire che simile attività era il fulcro centrale di tutte le nostre attenzioni, era in sostanza la nostra stessa vita. E altrettanto arduo descrivere a quali livelli di profondità arrivavano i nostri pensieri, perché non lo sapevamo neanche noi di preciso. Certamente, però, essi scavavano, gradualmente s'inoltravano nel buio tunnel dell'ignoto giungendo infine alla chiarezza logica e lineare. Le deduzioni sulla vita, su ciò che la governa e la costituisce, in parte erano già in noi nel momento in cui le scrivevamo ed in parte nascevano dalle riflessioni che facevamo man mano, stimolate dalle nostre esperienze passate e presenti. Avevamo stabilito che il titolo sarebbe venuto fuori alla fine, quando l'insieme delle idee e la visione completa dei concetti impressi in quelle pagine ci avrebbe suggerito automaticamente il significato unico di tutte quelle parole. E così, tra la farmacia e l'impegno letterario con Hans, avevo le giornate veramente piene.

CAPITOLO V

Il tempo passava rapidamente e dopo circa un anno Hermann si presentò in negozio: esattamente il 17 marzo del 1931. In quel momento mi trovavo in casa ad attendere alle faccende domestiche in sostituzione di mia madre che, per motivi di pessima salute, aveva dovuto mettersi a letto. In farmacia c'era solo Cari quel giorno, e fu lui a ricevere Hermann. Egli chiedeva di parlare assolutamente con me. Allora Cari, dopo la chiusura del negozio, salì su da me per dirmi che aveva prefissato un appuntamento con il signor Neumann Hermann per il 20 di marzo, nel mio laboratorio. Lì, dunque, quel giorno, rividi il mio nemico. Però, a differenza delle altre volte, qualcosa di assai vistoso era cambiato nella sua conformazione fisica esteriore. A prima vista ne rimasi sbalordito io stesso. Si era cioè verificato, nell'esattezza di ogni particolare, quanto precedentemente previsto: il naso, la mandibola, gli zigomi, le mani ed i piedi erano ingrossati paurosamente rispetto al resto del corpo.

In simili tragiche condizioni, Hermann si era rivolto a me per due motivi principali: in primo luogo perché ero conosciuto in paese come studioso di certi fenomeni patologici di sviluppo, e in secondo luogo per cercare di tenere segreta il più possibile quella deformazione orrenda. Non sospettava certo le cause reali che l'avevano determinata (e pertanto le mie dirette responsabilità) in quanto tali anomalie si erano manifestate soltanto vari mesi dopo la somministrazione della falsa penicillina. Ciò che desiderava da me, dunque, era una chiara diagnosi su quella strana affezione ed un'efficace terapia.

La spenta espressione del suo volto, intanto, già rendeva palesi i segni dell'avvenuto trauma psicologico conseguente a detta mutata e sconcertante realtà. Pensai che doveva essergli incredibilmente pesante tale triste novità, molto più di quanto non lo sarebbe stato per altri, dal momento che Hermann, con la sua profusa superficialità d'animo, non possedeva certamente la necessaria forza morale con cui reagire e contrapporsi a questo tipo di avversità. Ecco così che, proprio com'io volevo, si era ripresentata la situazione mia e di Hans, ed anche in questo caso c'era da vedere quale scelta Hermann avrebbe fatto. In sostanza, se avesse avuto o se avesse acquisito la sufficiente spiritualità per non dare più importanza al mondo delle forme, scegliendo la via dell'interiorità, si sarebbe salvato dalla sofferenza morale. Se, al contrario, non avesse saputo trovare tale forza, avrebbe trascorso in futuro una vita amara e assai peggiore della mia e di quella di Hans.

Per ora, comunque, gli dissi che era opportuno ch'io gli facessi una serie di visite e di analisi onde studiare a fondo la malattia e trovare i possibili mezzi curativi.

In attesa dell'inizio di dette osservazioni mediche, continuai a meditare su quel caso e su ciò che *i* miei sentimenti suggerivano di fare. Tuttavia, giunto a tal punto non sapevo ancora per qual verso dirigere il prosieguo del piano già in atto. Come prima cosa, intanto, dovevo documentarmi meglio sui recenti sviluppi avvenuti in campo medico, poi il resto sarebbe venuto da sé, secondo quello che è l'umano criterio di giustizia.

A Wismar non c'erano delle buone librerie in cui fornirsi di materiale ottimamente aggiornato sull'argomento in questione, per cui dovevo adattarmi con quei libri che ero riuscito ad avere e con le scritture scientifiche del dottor Simmonds. Sì! Volevo conoscere bene tale materia prima dì visitare Hermann e prendere una decisione su come dovevo comportarmi. Comunque, il fatto che non ero bene aggiornato su quello che avevano scoperto gli altri scienziati derivava anche dal fatto che desideravo scoprire io, personalmente, facendo esperimenti su animali e avvalendomi delle mie conoscenze basilari sul corpo umano. Approfondendo ed analizzando attentamente al microscopio la struttura ossea del ratto e dell'uomo, appariva evidente la differenza. L'allungamento longitudinale delle ossa lunghe è permesso grazie a dei particolari dischi, detti epifisari, perché situati nelle loro due estremità. Nel ratto tali dischi persistono per lungo tempo anche dopo che l'animale ha smesso di crescere. Nell'uomo, invece, essi vengono sostituiti da osso una volta terminato lo sviluppo corporeo, per cui non sono più soggetti ad allungamento. L'ormone dell'accrescimento stimola lo sviluppo del corpo, quindi anche delle ossa lunghe. Cosicché, se esso viene somministrato ad un ratto, anche adulto, questo riprende a crescere proporzionatamente. Ripetendo invece tale esperimento nell'uomo già sviluppato, si verifica un ingrossamento delle mani e dei piedi, uno sviluppo eccessivo della mandibola e, in minor grado, di altre ossa della faccia.

Però, mi rendevo conto che era estremamente difficile prendere una decisione in merito, molto più di quanto non avessi immaginato.

A volte ero persino perplesso, non più tanto sicuro di voler espressamente continuare a fargli del male. Risentimenti, questi, che assalivano la mia mente quando mi trovavo da solo a riflettere e a pensare sulla scelta da fare. Ma quando ero poi davanti a lui, a quell'essere palesemente malefico, la mia coscienza improvvisamente s'annullava divenendo un alone sbiadito ai margini della mia persona e preda, dunque, di istintive sensazioni violente e incontrollabili scatenantesi dai più profondi borghi della mia anima. Quando lo vedevo, infatti, era come se vedessi il diavolo incarnato; non so come spiegarmi, ma tale orrenda figura traspariva mostruosamente dai suoi occhi, dal suo aspetto, insomma da un flusso astratto e penetrante copiosamente emanato da ogni minima parte di sé. In tali istanti, avveniva in me quell'indipendente fenomeno di sdoppiamento d'essere che, a mia totale insaputa operava la tanto grave separazione tra mente ed anima, tra ragione e sentimenti: tra razionalità e irrazionalità. La partita era quindi in atto tra queste due componenti di me, per cui la decisione finale sarebbe toccata a chi delle due avesse vinto, a chi fosse cioè riuscita ad appropriarsi delle carte vincenti e più convincenti ai fini di un vittorioso epilogo di un sì macabro gioco. Purtroppo, però, la scelta fu fatalmente definita in un momento in cui la passione sopravanzava il pensiero, il cuore la ragione e l'odio ogni benevola volontà della mente. Fulmineo e irrevocabile si presentò a me il verdetto conclusivo di quell'atroce processo ora compiutosi nelle più occulte sfere di me, laddove cioè naturali istinti di vendetta pulsavano intatti nella loro antica sete e bramosìa. Verdetto che, ovviamente, prevedeva la definitiva eliminazione del maledetto individuo. Fu pertanto da questa situazione che prese conseguentemente forma la relativa indicazione di attuazione pratica, nonché la dinamica attraverso cui ottenere il risultato anzidetto. Orbene, signori, senza ulteriori giri di parole, intendo qui riferirmi alla decisione di effettuare su Hermann un intervento chirurgico di asportazione completa della ghiandola pituitaria. Si sarebbe avuto in tal caso quel morbo che Simmonds descrisse dopo anni di studi, quella malattia molto probabilmente mortale per l'uomo, causata 'dalla carenza totale di ormoni ipofisari, che si sarebbe manifestata sotto forma di alterazione a livello della cute. Fu così che, dopo aver sottoposto Hermann alla predetta serie dì analisi, gli dissi che era opportuno procedere ad un intervento chirurgico tramite cui arrestare e far regredire l'anomalo sviluppo. Egli mi rispose con un dimesso silenzio di tacita e afflitta adesione, tanta era la disperazione che gli s'annodava in gola. Da ciò fui indotto a pensare che effettivamente la sorte voleva ch'io compissi una simile missione, ragion per cui ostentai maggior risolutezza nel mettere a punto il relativo programma operativo.

Impegnai i giorni seguenti nel sistemare adeguatamente il laboratorio per l'operazione, e alla fine stabilii anche la data, che sarebbe stata l'1 aprile 1931.

Hermann, quel giorno, venne nel mio laboratorio molto preoccupato, ma nel contempo pieno di speranza. Col chiarore del giorno feci le opportune visite ed analisi al paziente per stabilire il quantitativo di anestetico da usare. Proprio alla discesa delle tenebre notturne ebbe inizio l'operazione con l'anestesia. Recisi la cute in prossimità della ghiandola, cercando di non danneggiare altri organi, altrimenti l'effetto patologico che si sarebbe ottenuto alla fine, sarebbe risultato non esclusivamente a causa dell'estirpazione dell'organo in questione ma anche per via dell'alterazione di altre parti. Trovata la posizione della ghiandola mi accinsi, con emozione 'confusa, a tirarla fuori dalla sede in cui qualcuno o qualcosa l'ha messa al momento della creazione umana. Tolto l'organo, richiusi tutti i tessuti che erano stati recisi dal bisturi. Avevo così terminato l'intervento e non rimaneva altro da fare, adesso, che vederne le conseguenze.

Hermann, dopo diverse ore, riprese conoscenza nel letto in cui l'avevo sistemato, ma dopo un po' di tempo cominciò a star male. Era lì, tutto ansimante, che cercava di capire qualcosa circa la sua condizione, circa la natura di quel diffuso malore che stava trafiggendo le sue membra. Ricordo che pensai sbalordito: sta dunque soffrendo! Il fatto m'apparve davvero straordinario, unico. Ciò significava, infatti, che una parte di quel tormento di cui s'era aspramente riempita la mia vita si ritorceva adesso contro uno dei suoi responsabili, contro una parte di quel male e di quella negatività che ampiamente inquina il genere umano. L'antica carica delle mie passioni, quindi, trovò in tali istanti la tanto attesa via d'uscita per esplicarsi, per esternare finalmente quei repressi sentimenti d'odio, di giustizia, d'angoscia e d'amore che ancora intensi pulsavano nell'animo mio. Allora, con tono veemente e vivo gli dissi: "Ebbene, Hermann, ti parlerò francamente. Oh, sicuramente tu sai chi sono, non è vero? Ma sì, sono proprio io, Mark, quell'insignificante ornino di fronte al quale ti sei in ogni modo mostrato superiore, migliore, sano; quel nano così ripugnante da rappresentare per te un qualcosa di assai inferiore, un essere diverso, squallido, insomma tutto fuorché un uomo!". Gli raccontai perfettamente la mia storia, cosa era in realtà accaduto, e perché. Al termine di detto mio sfogo, Hermann cominciò a tremare di sconfinata rabbia, di rancore e stupore insieme. I suoi occhi s'accesero d'un odio vibrante e pieno che divenne quasi palpabile, coinvolgendo persino l'aria circostante. Poi, con fatica immane, raccolse tutte le forze residue ed esclamò: "Mark... Maledetto... Ti odio... Ti odio!". Ciò detto, entrò in uno stato di evidente agonia, mi fissò con occhi impietriti più che mai impressionanti, ed infine morì.

La moglie di Hermann, la signora Lise Neumann, seppe direttamente da me la grave notizia perché, subito dopo il decesso del marito, mi affrettai ad avvertirla. Le diedi, ovviamente, una versione modificata dei fatti poiché la cosa, agli occhi della legge, sarebbe risultata illecita in quanto non possedevo la laurea in medicina, né dunque alcuna licenza per operare. E lo so io con quante difficoltà ero riuscito a risolvere il problema del certificato di morte del paziente. La donna, appena appresa la sconcertante notizia, divenne incontrollabile e m'inveì rabbiosamente contro, urlando e brandendo minacce ed offese nei miei confronti. Infine diruppe in un disperato pianto, dopodiché fu in grado di analizzare la cosa con migliore calma e chiarezza. Le ripetei, allora, che la tragica morte del consorte era dovuta ad un male irrimediabile, che sarebbe stato comunque letale, se non adesso dopo. Per cui era soltanto una questione di tempo e, a tal proposito, cercai di farle comprendere che questa fine un po' anticipata era semmai da considerare in buona parte positiva dal momento che aveva sottratto il suo povero marito a più atroci sofferenze ed agonie. Ella, a questo punto, non disse nulla, non ribatté parola. Abbassò gli occhi e lo sguardo, che staccò dunque da ogni cosa esterna, per sprofondare così nell'intimo del suo più immenso e silenzioso dolore. Dopodiché, accompagnata da quella sua disperazione, mi voltò le spalle e sommessamente uscì dalla stanza.

Signori di questa corte, non crediate che non comprendessi quella donna perché sbagliereste di grosso. Comunque un fatto è certo: la signora aveva quasi le misteriose caratteristiche del malefico marito. D'altronde, non si capisce come una persona buona, umanitaria e profonda si possa unire ad un'altra che è il suo esatto contrario e opposto. No, non avevo rimorsi per il male inflitto ai coniugi Neumann. L'unico dispiacere che provai, in un sì amaro contesto, fu quello rivolto ad un essere in via di formazione che la signora Lise portava ancora in grembo. Quella presenza nascosta, al momento solo intuibile, provocava in me sensazioni inconsce, velate. Era come se qualcosa dentro di me mi dicesse che quella creatura sarebbe stata nettamente diversa dai suoi genitori; non so come e perché, ma era proprio ciò che presentivo.

Quell'esperienza, ad ogni modo, m'indusse a più alte riflessioni e considerazioni. La stessa accentuò indubbiamente in me la certezza della direzione da far seguire alla mia volontà e alla mia coscienza, verso qua! senso cioè indirizzare il mio critico pensiero di ricerca. E proprio in termini di critica e di giudizio è da intendere quel sottile risentimento che cominciò ad agitarsi in cuor mio non appena la ragione riprese il generale controllo della mente e portò questa ad una più lucida consapevolezza rispetto al gesto su di Hermann compiuto. La spietata luce che il raziocinio ora gettava sulla cieca irrazionalità della mia azione, mi fece capire molte altre cose. Innanzitutto, che così agendo non avevo fatto altro che comportarmi nel modo sciocco e meschino in cui si comporta appunto la maggior parte delle persone ch'io da sempre condannavo, e in secondo luogo che non avevo con ciò minimamente risolto il complessivo problema dell'imperfezione umana. Con Hermann, infatti, era stata eliminata soltanto una piccolissima nonché irrisoria percentuale di quella enorme massa malefica di cui il mondo è invaso. Dunque, il mio era stato un gesto del tutto soggettivo, dettato da inconsce passioni, incontrollato e perciò fuori da ogni coscienza e razionalità. Successivamente, da questa inquietante realtà mi volsi ad osservare più attentamente ed ampiamente che mai un ulteriore, essenziale aspetto degli uomini, e cioè: i vari atteggiamenti mentali che determinano poi le loro gesta. Mi chiedevo, a tal riguardo, quale potesse essere la causa dell'evidente differenza comportamentale degli esseri, quale la vera motivazione.

Interrogativo non semplice, direte voi. E invece no, io vi rispondo, e vi spiego anche il perché. È qui una questione di logica, e nient'altro. Infatti, giunsi a capire che laddove esiste una diversità di concezione e d'azione vuole principalmente dire, a rigor di matematiche leggi, che vigono molteplici metri di confronto, cioè differenti parametri e misure di valutazione. Mi fu conseguentemente facile notare che la variegata società umana si compone, in ultima analisi, di individui più o meno realisti, cioè coscienti del vero valore di ciò che sta loro intorno e di ciò che essi stessi sono. Pertanto, risalendo successivamente all'originaria realtà dell'uomo, mi si delineò più chiaramente in mente che solo la vita costituisce ed è l'assoluto metro di misura tra gli esseri, il massimo e imprescindibile termine di confronto da cui far derivare giudizi e pratiche decisioni. In definitiva, era rispetto alla vita che Hermann, come pure coloro che posseggono analoghe caratteristiche malefiche, veniva ad essere considerato negativo, ossia dannoso e antivitale. Ogni nostro operare, ogni nostra concezione mentale, ogni nostra volontà ha concrete ripercussioni sulla vita; ripercussioni atte a fornire null'altro che condizioni di favoreggiamento o sfavoreggiamento, di accettazione o di non accettazione di tale unico metro comparativo. Venni così ad entrare nel naturale concetto di benessere inteso quale reale sistema ed orientamento d'esistenza. Sì, signori, stavo gradualmente penetrando il vero senso della realtà, ragion per cui ogni mia futura deduzione sarebbe fedelmente scaturita da questa suprema fonte di certezza e verità, avrebbe rigorosamente seguito il sentiero incontrovertibile di detto benessere che è, in sostanza, vita vissuta integralmente in senso autentico ed effettivo.

Riprese poi la vita di tutti i giorni, con quel po' di rimorso che, come detto appunto in precedenza, condizionava la mia vita interiore. Intanto, io ed Hans scrivevamo di buona iena, ispirati anche dalla mia ultima esperienza ch'egli naturalmente comprendeva e condivideva. Il mio caro amico da un po' di tempo aveva iniziato a studiare intensamente alcune materie mediche e pareva che ciò lo rendesse entusiasta e parecchio impegnato. A volte studiavamo insieme, passando delle intere giornate sui libri scientifici, alcuni dei quali erano miei. Approfondivamo la biologia in particolare, perché era quella che maggiormente lo affascinava, ma a dire il vero stava affascinando anche me. La genetica, le funzioni cellulari, erano il nostro punto di massimo interesse. Era veramente suggestivo conoscere come si conservano i caratteri di un essere nel corso delle generazioni e come un organismo si mantiene in vita a livello fisiologico.

Spesso pensavo alla signora Neumann e, tramite gente che veniva in farmacia, fui messo al corrente che ella aveva partorito un bambino non troppo normale.

Eravamo nel 1933 e in quel periodo nel paese c'era una gran confusione: comunisti ed ebrei venivano perseguitati ed arrestati. La gente, quindi, era fortemente turbata, impaurita di quanto accadeva a Wismar, come nella Germania tutta, per cui a volte aveva timore di divulgare una qualsiasi notizia. Per tali motivi, incerta e vaga rimase la novità che la signora Lise era divenuta madre di una creatura imperfetta.

Accompagnato da simili pensieri, nonché da quelli relativi alla morte di Hermann, affaccendato in casa in sostituzione di mia madre che era costretta alla permanenza a letto a causa delle peggiorate condizioni salutari, ed impegnato inoltre nell'attività di studio e di ricerca insieme ad Hans, non mi rendevo conto di quanto esattamente mi capitasse intorno.

Difatti, il tempo rappresentava per me un'entità a parte, del tutto secondaria, ch'io avvertivo soltanto per l'influenza che esercitava sull'esteso corso del mio procedimento esistenziale, in senso di modifiche e progressi delle mie vicende interiori. Così passò un altro anno.

Una mattina, inaspettatamente, vidi comparire nel mio studio la signora Neumann che, fatto strano, si era decisa a farmi visitare il suo bambino. Io fui molto ospitale nei suoi riguardi ed anche incuriosito dall'impressionante figura del figlio, che solo nei libri avevo visto fino ad allora. La donna mi pregò di esaminano e di riferirle cosa fosse accaduto di patologico al bambino e quali sarebbero stati i rimedi per riportarlo alla normalità. Ella si mise a piangere in maniera veramente toccante e mi disse che non poteva essere concepibile che una famiglia venisse distrutta in così breve tempo. Ciò mi fece intuire che la stessa era alquanto cambiata perché forse, chissà, venendo a conoscenza di quel che è la sofferenza aveva evidentemente confrontato le due opposte entità del bene e del male, scegliendo ovviamente la migliore. Provai un sentimento di pietà verso di lei e volli davvero aiutarla, per quanto potessi. Ma il bambino presentava tante malformazioni fisiche. Aveva una testa grande, le costole soprannumerarie, l'assenza della rotula, delle anomalie vertebrali, deformità auricolari ed altre anomalie a carico degli organi genitali: insomma era combinato assai peggio di me. Quel che sapevo e che riferii alla signora Lise fu che Manfred (questo il nome dello sfortunato bambino) era affetto da una strana malattia congenita polimalformativa, purtroppo incurabile. Le mie sconfortanti parole le causarono un altro travaglio interiore, un'angoscia sentimentale che non le consentì di pronunciare nessuna parola. Si buttò solamente tra le mie braccia, con sentita disperazione. Ciò mi commosse vivamente e, forse più di lei, desiderai che il piccolo e brutto Manfred guarisse. La donna, a questo punto, più abbattuta che mai, sospirò e m'annunciò flebilmente la sua intenzione di andare a vivere dai parenti ad Hannover. La cosa, in verità, mi dispiacque molto giacché incominciavo a nutrire verso di lei un sincero senso di amicizia. Tuttavia non potevo fare altro, in quel momento, che offrirle la mia comprensione onde alleggerire un pò il suo dolore, e così approvai la sua scelta dicendole che ad Hannover si sarebbe certamente trovata meglio che qua, che le cose in seguito sarebbero andate più positivamente che non adesso. Ella stette ad ascoltarmi in silenzio, poi strinse a sé il povero piccolo, mi rivolse un ultimo sguardo pieno di sottintesa gratitudine e infine uscì dal laboratorio. Fu una scena straziante che, come tutte le cose strazianti, mi toccò profondamente il cuore e nuovamente sprigionò in me un lacerato grido di rabbia, di dolore e d'amore. Ma una spiegazione mi par doveroso esporvi a tal proposito. Infatti, può sembrarvi strano che un Mark Silbermann, il quale ignora le forme, sia triste quando un bambino nasce esteticamente orrendo. Capisco perfettamente una simile obiezione, e a ciò pertanto rispondo. Allora vi dico che tale mio dispiacere nei confronti di Manfred era alimentato unicamente dalla consapevolezza del fatto che l'umanità, purtroppo, non è affatto idonea né pronta a vivere più nobili e mature concezioni di vita. Una constatazione, questa, per nulla infondata e preconcetta, bensì reale, inconfutabile. Ahimé! Eccoci ora tristemente giunti ad un altro punto fondamentale della vita e degli esseri convenzionalmente detti "umani"; un punto non meno sconfortante degli altri sin qui trattati, che ugualmente e speranzosamente pongo alla vostra attenzione. Dunque, ascoltate. Il più delle volte, anzi spesso, la realtà è così brutale nella sua verità, nella sua giustezza e perfezione, da indurre comunemente l'uomo (ingiusto, perfido e ambiguo) ad ignorarla, a sfuggirla e a sostituirla perciò con soggettive, stupide, e più compatibili verità illusive, nonché ipotetiche e fantasiose. Verità che, in quanto irreali, danno l'impressione all'individuo di essere privo di ogni diretta responsabilità in merito alle sue azioni, alle sue concezioni e produzioni. Quanto di catastrofico vaga nell'aria della realtà, che gli sta pur di fronte ma ch'egli non vuoi vedere, è ovviamente sempre causa di "altri". Da qui la spartizione dell'umanità in aree ideologiche e religiose, in gruppi rigidamente occlusi la cui principale attività è solo quella di demolire le opposte teorie avversarie per fare così emergere le proprie, per porre soltanto queste sotto il severo dogma dell'Assoluta Verità. Cosicché si determina un disgregante circolo di conflitti che dalle astratte sfere teoriche si va innestando poi, in tutta la sua frenetica e distruttiva follia, nella concreta realtà dell'operare umano provocando null'altro che arbitrarietà e ipocrisie, intolleranze e fanatismi, sopraffazioni e morte.

Altro tempo passava, ed io giunsi al trentaduesimo anno di età. Con lo studio mi stavo dirigendo verso un altro specifico argomento. Si trattava di una ghiandola endocrina: la tiroide. Essa ha degli importanti collegamenti, come del resto anche altre, con la ghiandola direttrice, che è la pituitaria. Ero tanto interessato ad ingrandire la mia cultura per cui dovevo conoscere tutte le ghiandole endocrine del nostro corpo. L'azione biologica ditale organo era solo in parte conosciuta. Avrei ricevuto, quindi, tante soddisfazioni in più se avessi ingrandito io la conoscenza sulla sua specifica funzione. Mi avvalsi a tal fine di libri e condussi, come al solito, degli esperimenti su animali. Ripresi, insomma, con duro impegno lo studio scientifico. Volevo così vedere, a distanza di tempo, a quali conclusioni sarei giunto proseguendo la ricerca in questo ramo, se cioè le acquisizioni maturate in tanti anni di esperienze mi avessero finalmente permesso di guardare oltre quel muro di materia contro cui m'ero già urtato inizialmente. Ma non approdai, signori, a nessun diverso risultato giacché mi resi ancora di più conto che, qualunque sia la via scientifica percorsa, si arriva sempre ed immancabilmente ad un punto unico di massima penetrazione cognitiva, all'estrema soglia di ogni concreto e umano sapere. Questa è la realtà. M'accorsi di quanto insormontabile è la barriera che separa il nostro campo, quello umano e cioè sperimentabile da ciò che è invece assolutamente insondabile, impenetrabile da parte della nostra troppo corta vista, e dunque non sperimentabile. Ancora più imponente e grande m'apparve il dubbio di questo inconoscibile mistero. Osservando una sola cellula capivo che molte sono le ignoranze e molti gli interrogativi destinati a rimanere insoluti rispetto, non già al suo funzionamento pratico, ma a ciò che la determina e da l'energia iniziale, ossia la vita.

Quel sincronismo perfetto, quegli schemi precisi che seguono tutti i processi naturali, chi li stabilisce e in base a quali finalità questo grande Ignoto crea la vita? Quello che cominciavo a sapere era che, per esistere, la vita deve seguire un ciclo ed un equilibrio o addirittura nascere dall'equilibrio. Ed è proprio tale considerazione che favorì l'immissione della mia razionalità esplorativa nel giusto canale della conoscenza. Difatti, il concreto funzionamento di una cellula mi mostrava chiaramente l'esistenza di un equilibrio, di un perfetto meccanismo naturale già preesistente in cui non c'è sfasamento alcuno, né irregolarità, bensì matematica e coerenza. Ossia notavo che la cellula, per mantenersi in vita, deve aggrapparsi e fedelmente seguire leggi matematiche, logiche e perciò necessarie al suo stesso ordinamento funzionale, naturale nonché vitale. Sentivo di essermi sostanzialmente avvicinato alla tappa forse più determinante della mia ricerca, ragion per cui ero più che mai convinto che non molta strada mi restava da percorrere per arrivare al tanto ambìto traguardo. E questo perché, o signori, per conoscere la vera verità della vita bisogna senz'altro partire dalla sua più concreta e pratica realtà. Ogni mia considerazione, quindi, divenne per me più o meno attendibile in base alla sua relativa sperimentabilità. O meglio, ogni deduzione che si depositava nella mia mente, in seguito ad ulteriori procedimenti conoscitivi, aveva rigorosamente seguito quello stesso filo logico e matematico presente nella cellula e, più ampiamente, in ogni composto ed organismo in essere. Devo dire che ciò è molto importante in quanto dette reali acquisizioni, oltre che soddisfare la mia razionale sete di scoperta, accrescevano sensibilmente il mio spirito, alimentando e appagando profonde speranze e desideri. Mano a mano, cominciai a sentirmi non più rigido e distaccato osservatore di fenomeni vitali, bensì come parte io medesimo di essi, cioè manifestazione tra le altre e dunque materia io stesso d'osservazione. Andai così gradualmente plasmandomi a quegli schemi logici e concreti, semplici e certi, che originano ogni forma d'esistenza. Esattamente come la pianta le sue radici affonda nelle materne viscere del terreno che la generò e da cui trae perciò nutrimento e vita.

Un giorno fui chiamato da Carl mentre stavo in casa, sopra la farmacia, ad aiutare mia madre a lavare i pavimenti. Dal timbro della voce sembrava che volesse dirmi qualcosa di veramente importante ed urgente. Allora, preoccupato, scesi subi-

80

to in negozio ove egli mi riferì con tono tremulo e sconcertato, che Hans stava molto male e che voleva vedermi. In quel momento mi si gelò il sangue, brividi di terrore m'attraversarono il corpo e sentii una feroce fitta al cuore che mi fece addirittura sobbalzare, tanto violenta e scioccante fu quella notizia. In simili condizioni, e senza perdere un solo attimo, mi precipitai immediatamente a casa sua. Qui, vidi Hans che quasi inerte giaceva sul suo letto, visibilmente abbattuto e con gli occhi che volevano parlarmi ma che non potevano. Gridando, chiesi alla madre che cosa avesse da star male così; ero molto confuso, non riuscivo più a contenere la mia ansia. Ella mi rispose, in maniera altrettanto concitata e tesa, che tutto a un tratto gli era mancato il respiro e che il suo cuore batteva adesso a ritmo irregolare. Istantaneamente capii che era necessario fare qualcosa per aiutarlo e così gli praticai dei massaggi cardiaci, oltre che una respirazione artificiale continua. Forse, se avessi potuto, mi sarei offerto io al suo posto. Proprio questo pensai in quei terribili momenti. Ma, fortunatamente, dopo un po' Hans riprese a star meglio, ed insieme a lui suo padre, sua madre ed io. Ad ogni modo, dissi a questo punto che bisognava assolutamente portarlo in ospedale perché, se soffriva di cuore, non poteva essere minimamente trascurato, gli occorreva- no delle cure appropriate ed una migliore assistenza. Fu ricoverato, così, quello stesso giorno ed io, giunta la sera, tornai a casa stanco ma sicuramente più tranquillo di prima. Quasi tre settimane durò la sua permanenza lì. Io, naturalmente, andavo spesso a trovano, a tenergli compagnia. A volte davo persino il cambio alla madre nel turno notturno.

Finito detto periodo di osservazione e cura, Hans poté tornare finalmente a casa, nell'intimità del suo mondo e del suo caldo ambiente familiare. Insomma si stabilirono ben presto le condizioni atte a far sanare quanto era stato recentemente e tristemente interrotto. Egli stesso aveva ricominciato a sorridere. Eppure io non riuscivo a dimenticare l'episodio, non riuscivo ad abbandonarmi completamente alle pur vive sensazioni derivanti da quella ritrovata serenità. Era indubbiamente causa del mio troppo acuto occhio scientifico il quale, pur senza alcuna mia volontà, mi spingeva a vedere sempre la reale, se vogliamo anche obiettiva e logica, essenza dei fatti in sé. In altre parole, era come se quello spiacevole avvenimento fosse da intendere come un'oscura premonizione, un inquietante preludio volto ad offuscare e minacciare ogni nostra prospettiva di futuro riassestamento vitale. Ed io conoscevo fin troppo bene il debole stato di salute del mio grande amico!

Sia chiaro, però, che queste sono considerazioni che solo ora sto compiutamente razionalizzando in così perfetta e direi fredda esposizione. A quel tempo, infatti, esse si traducevano solamente in turbamenti ed ansie dell'animo mio ch'io forse volutamente tenevo al di fuori della mia sfera mentale onde evitare danneggiamenti morali, nonché esistenziali.

Tutto ciò, mentre dell'altro tempo passava. Io avevo ripreso la mia attività abituale tra la farmacia, il laboratorio, la casa ed Hans. Con lui proseguivo il lavoro letterario e quello scientifico.

Giunse così anche il 1949. Negli anni addietro c'era stata la guerra, atroce e orribile come tutte le guerre. Scusate, signori qui presenti, se non mi dilungo oltre su questo punto, ma il fatto è che aborrisco immensamente tale argomento, Inoltre, rischierei di ripetervi parole che già molti altri, con apparente tenacia e convinzione, hanno detto, per cui potreste confondermi con loro e la cosa, credete, sarebbe per me profondamente offensiva. Mi riferisco, in pratica, a quelle persone che dopo ogni guerra si premurano di cancellare le macchie di tanto umano squallore, di tanti disastri e orrori, facendo uso di ben studiate e appassionate parole e preoccupandosi però di tacere le loro precise responsabilità, i loro funesti contributi e appoggi a tali deprecabili svolgimenti, nonché le mille complicità offerte, sia tacite che manifeste. E mentre simili falsità escono dalle loro bocche, le loro diaboliche menti sono già impegnate a progettare e preparare altre distruzioni e guerre le quali, a loro volta e a conclusione avvenuta, saranno poi successivamente condannate e lavate con le stesse parole e la medesima ipocrisia. Tuttavia ciò non importa, signori. Quel che importa, invece, è l'apparenza; ecco perché la gente finisce sempre col credere ai mentitori. Perché cioè questi sanno e riescono meglio di altri a confezionare forme più belle e convincenti, più facili e illusorie, da sottoporre al passivo dominio delle masse. Cosicché, se adesso si presentasse qui uno dei più malefici criminali mai esistiti sulla terra, l'uomo più spietato e catastrofico che la storia conosca, e se costui sciorinasse al pubblico di quest'aula avvincenti discorsi giustificatori, ebbene se tutto ciò avvenisse probabilmente voi lo assolvereste o quanto meno mitighereste il vostro giudizio su di lui. Tengo perciò a mantenere certe fondamentali distinzioni tra chi pensa, dice e agisce nello stesso modo (pochi) e chi invece pensa, dice e agisce seguendo tre differenti direttive e finalità, le quali poi tortuosamente variano in base a criteri del tutto opportunistici e dunque egoistici (tanti).

Adesso procedo nella narrazione, però sappiate che di altri avvenimenti spiacevoli vi parlerò. Chiarisco questo perché potreste facilmente ricevere l'impressione ch'io stia trattando una storia volutamente appesantita nella sua gravità di fatti e circostanze, ma ovviamente non è così. Gli accadimenti svoltisi nel mio erto e lungo cammino esistenziale sono senz'altro tristi, oserei dire drammatici, ma è anche vero che un luminoso filo di speranza e d'amore mi ha sempre tenuto meravigliosamente compagnia, alimentando così la mente e l'animo mio. Dunque...

Un giorno mia madre non si sentì di alzarsi dal letto nemmeno per un istante poiché era troppo debole, cosa che m'apportò una certa paura. Forse, il vederla a letto così abbattuta mi faceva pensare a ciò che imminentemente l'attendeva e che attende tutti. Il solo pensiero di perderla mi faceva rabbrividire. Le volevo troppo bene e non mi era rimasta che lei dopo la morte del povero babbo. Oh, ma se solo l'amore potesse tenere in vita gli esseri cari!

Ella si spense quella stessa notte, mentre dormiva. Portò via con sé il carico delle fatiche cli un'esistenza quanto mai provata, difficile, dura. E tutto ciò in maniera discreta e silenziosa, come sempre, con infinita dolcezza e cortesia.

Piansi veramente tanto nei giorni che seguirono. Vedevo più che mai allargatosi il vuoto affettivo intorno e dentro di me. Ripensavo con malinconica e struggente nostalgia ai miei genitori e in tale prospettiva scorgevo angosciato gli smisurati confini della sofferenza da essi patita ma, nel contempo, dell'infinito affetto e bene di cui hanno saputo eccezionalmente e ininterrottamente circondarmi. Quanta pena e quanto amore avevano nutrito per me!

Lo scompenso interiore che me ne derivò fu particolarmente esasperante. Smisi di studiare e di scrivere poiché volevo integralmente rinchiudermi nell'antica amarezza di questo nuovo tormento. Riassaporai, pertanto, l'aspra realtà della solitudine. Un'invisibile prigione fatta di vuoto e di nulla, ch'io riempii solo di lacrime. Hans e i suoi genitori insistettero perché andassi a vivere con loro. Accettai con vero piacere e li ringraziai enormemente della loro bontà. Quella nobile proposta non la potrò mai dimenticare perché era stata avanzata da quel tipo di persone di cui ho sempre avuto bisogno. Con loro mi trovai perciò veramente bene, riuscivano a darmi il calore umano necessario per tirarmi su. Lì, col tempo, m'apprestai a riacquistare quella certa serenità che possedevo prima della scomparsa della mia povera madre. Andai lentamente ricaricando la mia forza vitale, la mia volontà di continuare a lavorare, ad usare il pensiero per raggiungere gli importantissimi fini prefissati. Questo mi fece altresì capire, una volta di più, quanto essenziale e grande sia il volere bene ed il sentirsi amati. Non so proprio cosa avrei fatto senza il loro aiuto; forse mi sarei trovato in un pericoloso sconforto morale che avrebbe potuto farmi compiere qualche definitiva pazzia. Mi ero talmente integrato in quella casa che mi sembrò ben presto di avere nuovamente una famiglia. Situazione, questa, che m'indusse a maggiore tranquillità riflessiva, Infatti, m'imposi di rassegnarmi ad accettare la morte per vecchiaia della mia cara mamma. Mi dicevo ripetutamente: "dai Mark, l'importante è che non abbia sofferto e che se ne sia andata sapendo che sia a lei che a papà ho voluto sempre un immenso bene".

CAPITOLO VI

Attraversai un periodo di gioiosa risalita spirituale sorretto, appunto, dall'affetto di quelle encomiabili persone. Ma, ahimé, non fu così per molto. Giunse infatti il 1952, anno in cui un'altra terribile disgrazia s'abbatté sulla mia già funestata sorte. Un'altra orribile morte mi privò di un'ulteriore, per me vitale, presenza: quella di Hans! Accadde, purtroppo, che il mio più grande amico venne improvvisamente stroncato da un grave attacco di cuore. Debbo necessariamente trattenermi, a questo punto, dal procedere in superflue e vuote descrizioni emozionali e d'animo, giacché non riuscirei ad esternare l'intensità di ciò che provai per mezzo di semplici parole. Ovviamente, cercai di riprendermi anche da quest'altro dolore, da quest'ultima devastante tragedia, ma trovai qui difficoltà più numerose e insormontabili che mai. Infatti, se per le precedenti perdite avevo potuto farmene di volta in volta ragione, per quella relativa ad Hans non sussisteva affatto alcuna attenuante da usare al fine di pervenire ad un 'analoga rassegnazione. Il tempo stesso pareva negarmi quell'aiuto che solo esso, scorrendo e sommergendo i fatti, poteva darmi. Evidentemente, troppo profonde erano le quattro maggiori ferite incise nell'animo mio dai quattro più amari episodi esistenziali, e cioè: la mia emarginazione, la scomparsa di mio padre, di mia madre e quella di Hans.

Gli anni successivi furono sempre rattristati dal vivo e onnipresente ricordo del passato. La forza di lavorare in farmacia ed in laboratorio andò via via indebolendosi. L'unica forza di cui potevo ancora disporre era soltanto quella della riflessione. Difatti, l'unico scopo della mia vita era ormai quello di ultimare il lavoro di ricerca della Verità Universale, cercando di soddisfare il più possibile la mia grande esigenza di conoscere.

Rimasi comunque ad abitare con i genitori di Hans perché, adesso, avevamo tutti un grande bisogno di stare insieme per aiutarci reciprocamente a vivere. La maggior parte del tempo lo trascorrevo a riflettere. Pensavo ed elaboravo concezioni sempre più tangibili e reali sulla vita, non solo umana ma anche universale. Inoltre, mi applicavo principalmente al libro, mio e del povero Hans. Volevo terminare quell'opera per due ragioni fondamentali: prima di tutto, perché sia io che lui la ritenevamo di estrema importanza per l'umanità; e poi perché quel lavoro costituiva per me il solo, supremo ed immortale legame di congiunzione ad Hans. Perciò intendevo, anzi, dovevo assolutamente onorare in ogni modo tale mio impegno. Così, tra la farmacia e l'attività letteraria riempivo la desolata malinconia di quelle giornate assai monotone in cui mi sentivo tanto solo.

Trascorsero ben dieci anni dalla morte di Hans quand'io terminai il libro e con esso il nostro comune compito di dare beneficio sia a noi stessi che agli uomini tutti di questo mondo. Un risultato ottenuto dopo lunghi e sacrificati anni di lavoro razionale volto espressamente a distruggere il male che è ignoranza. Sì, era stata sostanzialmente questa la nostra nemica, il sommo male da sconfiggere e convertire in bene, ossia in sapienza, in illuminata coscienza. Comunque, del vantaggio che il suddetto beneficio può apportare all'umanità, ve ne parlerò in appresso mentre adesso voglio descrivervi, invece, il vantaggio che io ed Hans abbiamo più direttamente ricevuto. Ebbene, c'è da dire anzitutto che uno dei più importanti effetti è stato quello di avere avvicinato la nostra conoscenza alla natura, di averla cioè resa armonica, vitale e funzionante come una cellula, una rosa o una farfalla. Cosa che, conseguentemente, ha conferito ai nostri animi una grande e impareggiabile soddisfazione, un profondo senso di onestà verso quella Realtà Assoluta che ci ha generati. In definitiva, ci ha permesso di godere l'enorme gusto e la limpida piacevolezza del vero amore, del solido e puro rapporto di amicizia stabilitosi tra noi e l'universo, tra noi e la natura ed anche tra me ed Hans. Un 'amicizia integralmente autentica creata grazie alla perseverante forza della nostra volontà costruttiva e della nostra razionalità esplorativa. Difatti, cos'è l'Amicizia se non la conoscenza imparziale della positività, ossia della maturità delle persone? Essa si conquista con la ragione in quanto giunge all'esatta cognizione della realtà mentale degli uomini, o meglio, della potenzialità individuale di fare bene o di fare male in relazione a quell'unico ed assoluto parametro di confronto che, per l'uomo, altro non è che la Vita. Pertanto, una volta conseguita la giusta conoscenza degli individui circostanti ed esaminati, il passo verso la costruzione dell'amicizia o dell'inimicizia è assai breve, poiché si riduce semplicemente o ad una accettazione della vita (amicizia) oppure ad una non accettazione della stessa (inimicizia). In altre parole, io ed Hans eravamo amici rispetto alla vita di ciascuno di noi e l'altruismo assumeva per noi un significato di individualità indiretta, o meglio, di indiretta preservazione della propria persona. Come potete ben vedere, la nostra razionalità positiva, umile, concreta e vitale ci aveva fatto realizzare spiritualmente arricchendoci di un amore pei gli altri altrettanto concreto, nel senso che lo stesso era indirettamente rivolto anche a noi. L'altruismo è bello perché quel bene che esso produce ed indirizza su altri si riflette poi, automaticamente, sulla stessa fonte da cui è originariamente sgorgato, ove deposita infine fierezza e appagamento. Faccio un esempio: la pianta è in pace con se stessa e col mondo circostante giacché essa, oltre che preservarsi singolarmente, preserva anche tutti gli elementi universali ai quali è strettamente correlata. Basti pensare, a tal proposito, che la pianta crea ossigeno. Nondimeno, lo stesso discorso vale per gli animali, per fiumi e montagne e, insomma, per tutte le cose esistenti che svolgono la loro funzione. Praticamente, ogni componente naturale che si realizza integralmente, nel senso più lato del termine nonché in senso pratico e terrestre, forma del bene per se stessa e nello stesso tempo per gli altri, creando cioè un'amicizia dalle profonde radici che, partendo dalla sua unità centrale, si dirama conseguentemente sui circostanti elementi universali. Continuo dicendo che l'amicizia intesa come lavoro, come aderenza alla realtà terrena, è il massimo sentimento che possa esistere, nato non dall'irrazionalità, non da pure e preconcette impressioni sensorie di simpatia o antipatia bensì da un'adeguata, coerente, oggettiva e giusta retribuzione razionale di merito volta a favorire chi lavora in senso di creazione vitale. Inoltre, un sì nobile sentimento, che non ha nulla a che fare con la materia né con l'irrazionalità, è destinato a perdurare nel tempo in quanto esso vive anche dopo la morte degli esseri. Ecco perché il mio sentimento di amicizia verso Hans, verso mia madre, mio padre e verso Simmonds, continuava a scaldarmi e a infondermi amore anche se i loro corpi s'erano già spenti da un pezzo.

Ora che il libro era finito e che ero giunto ad una maggiore e più incisiva chiarezza cognitiva, però, m'accorsi che un solo problema rimaneva oscuro nella mia coscienza: quello di aver ucciso un uomo, seppur negativo. Hermann racchiudeva indubbiamente in sé tutti quegli aspetti tipici del Male, ossia l'ignoranza, l'egoismo, la falsità, la pochezza mentale ecc., ma non voglio ora qui ripetere le motivazioni e le circostanze che determinarono quel mio deplorevole gesto su cui vi ho già ampiamente intrattenuto prima. Quel che voglio dirvi, invece, è che giunsi a sentirmi dì ciò colpevole, assolutamente bisognoso di pareggiare dei conti che maggiormente pesavano su di me.

Pensai tanto alla soluzione del problema fin quando un giorno, il 17 marzo 1962, proprio al compimento dei miei cinquantanove anni, decisi di costituirmi alla giustizia poiché, agli effetti della legge, risultavo colpevole e condannabile per aver commesso un omicidio premeditato. Ciò era l'unico modo di evitare la poco piacevole prospettiva di un futuro a passeggio per i viali di Wismar funestato da quel bruciante senso di colpa. Con questa decisione, inoltre, avrei seguito ancor più coerentemente il filo logico della concretezza e della ferrea legge dell'agire bene. Avrei provato tangibilmente a me e agli altri la credibilità del mio ragionare e il relativo impegno da me perseguito nell'esplicarlo. In altre parole, si sarebbero rafforzate ancor più l'amicizia e l'amore verso me stesso, verso glì altri e verso Hans, rendendo più pulita la mia coscienza di Uomo vero e naturale. Insomma avrei così consolidato quel mio grande risultato mentale, conseguente ad una lunga e assai ardua avventura esistenziale, che è poi quello di aver trovato la convinzione, la certezza, la pura e autentica realizzazione umana.

Raccontai tutto ai genitori di Hans, spiegando loro i motivi che mi avevano spinto a quel passo. Essi rimasero giustamente agghiacciati nell'udire che avevo ucciso un uomo, per cui non furono immediatamente in grado di pronunciar parola. Mi accinsi poi a salutarli e, proprio nel culminante momento degli abbracci, scoppiai a piangere come un bambino. Stavo infatti lasciando altri genitori. A questo punto, una profonda e viva commozione cominciò a sgorgare anche dai loro occhi e fu solamente allora che la signora riuscì a far parlare il suo cuore e disse: "Mark, con la tua bontà hai fatto rivivere il mio Hans, facendogli capire che la vita è bella se si ama! Nei ricordi che ti porti dietro, mettici anche il bene sincero che io, mio marito ed Hans ti continueremo a volere". Diedi loro un ultimo bacio e, con l'animo interamente infranto, uscii di casa. Mi diressi, allora, in farmacia per lasciare a Cari le chiavi del mio laboratorio e della casa ormai vuota. Spiegai anche a lui, ovviamente, le ragioni di quella mia decisione. Scoprii così che Cari, seppur vagamente, sospettava da tempo il mio reato. Infatti, nel momento in cui glielo raccontai, egli chinò il capo come per dire: "Sì! Era proprio quel che temevo". Mi era stato, dunque, segretamente e discretamente vicino in ogni istante della mia vita, della mia infinita tristezza e difficoltà esistenziale. La cosa, in verità, mi colpì enormemente e, con più poderosa amarezza, contribuì ad aumentare in me l'angoscia di quel doloroso addio. Mi feci forza. Presi un foglio di carta ove espressi la mia volontà di lasciare a lui, in donazione, la farmacia e la sovrastante abitazione. Feci ciò con commosso piacere e, un po' tremante, gli consegnai detto scritto. Ci abbracciammo sentitamente, dopodiché uscii dal negozio, aggiungendo così agli altri ricordi anche quello di un lungo passato vissuto tra le mura di quella farmacia. In ultimo, mi misi in cammino lungo il sentiero che conduceva al mio laboratorio perché era ad esso che volevo riservare il definitivo addio. Giunsi a destinazione con l'animo più che mai straziato, mesto, avvilito. Entrai dentro e scrutai per l'ultima volta il banco degli esperimenti, gli scaffali delle provette e dei libri scientifici un po' impolverati, nonché il lettino che mi ospitava quelle notti in cui finivo tardi di studiare. C'era silenzio lì intorno, eppure io udivo come delle voci che in coro gemevano, proprio come me, disperazione e pianti. Mi sedetti sulla sedia, vicino alla finestra. Pensando e guardandomi in giro, volli rivivere le emozioni di quel Mark ancora adolescente che con indicibile fatica s'accingeva a contrastare e dominare la sua stessa sorte e il mondo esterno, così diverso e così lontano da lui. Quell'enorme mondo denso di insidie, malignità, ingiustizia e formalismo, contro cui aveva dovuto difendersi con l'inversa, minuziosa e lenta costruzione di un altro mondo, piccolo sì, ma mille volte più valido ed umano: il suo mondo, popolato soltanto da se stesso, da qualche persona cara e, appunto, dal laboratorio. Ma quest'ultimo, probabilmente, agli occhi di quell'adolescente non rappresentava un essere inanimato, bensì un amico vero col quale dividere gioie e dolori. Mi si era formato un penoso nodo alla gola, tanta era l'influenza emotiva che quel luogo esercitava su di me. Capii perciò ch'era venuto il momento di andarmene. Dalla finestra osservai ancora una volta gli alberi e la vegetazione tutta che circondava la casa, poi sospirai, mi alzai, aprii la porta ed uscii. Mentre camminavo, provavo ancora il nostalgico sapore delle fresche rievocazioni del passato, per cui ogni tanto mi fermavo, voltavo indietro lo sguardo e salutavo la casetta del mio cuore. La casetta in cui venivo a rifugiarmi quando ero triste e volevo star solo per pensare, mentre fuori gli altri ragazzi si divertivano spensieratamente con giochi e risa nella piazzetta del paese.

Man mano che mi allontanavo, vedevo la casetta farsi sempre più piccola; stava scomparendo e con essa anche gran parte di me. In fine, quando la mia vista faceva fatica a scorgerla in mezzo agli alberi che la circondavano, con la mano bagnata di lacrime feci un debole cenno per darle l'ultimo saluto. Stetti per qualche minuto assolutamente immobile, silenzioso, incapace di fare alcunché. Poi seguitai a camminare e, lasciato il sentiero, presi direttamente la strada che conduce alla Questura di Wismar. Lì rimasi in stato di arresto per ben ventuno giorni, al termine dei quali, cioè oggi 10 aprile, sono stato condotto a Rostock dove ha avuto inizio presso codesto Tribunale il processo a me, Mark Silbermann. Tutto quel che avevo da dire, signori, ve l'ho detto. Non ho altro da aggiungere, per cui potete considerare conclusa la mia confessione, ossia la mia stessa storia».

Il silenzio compatto con cui il pubblico aveva fino ad allora seguito le parole dell'imputato, si trasformò improvvisamente in una confusione soffusa, generale, ma nello stesso tempo compìta e riguardosa. Dopodiché si levò una voce unanime rivolta verso Mark, che diceva: «Signor Silbermann, voglia ora raccontarci, per cortesia, come andò a finire il suo lavoro di ricerca della Verità. Ci dica a quale conclusione è giunto».

A detta univoca richiesta s'aggiunse altresì quella del Giudice, il quale si rivolse sempre a Mark dicendo:

«Sì, per favore! Ci faccia conoscere i risultati ottenuti dopo quel lungo lavoro mentale che ha quasi totalmente caratterizzato la sua esistenza. Io ho seguito con grande interesse la sua storia e, grazie a lei, ho capito molte cose. Solo che adesso deve spiegarci qual'è la precisa Convinzione cui è pervenuto dopo tanto travaglio e tanta incertezza».

A questo punto si alzò nuovamente Mark. L'incredula espressione del suo volto rendeva evidente 1 'effetto che la sorpresa di quella richiesta inattesa gli procurava, mentre un gaio barlume di contentezza dimessamente scaturiva dai suoi occhi attoniti. Infine, dopo qualche altro minuto di sbigottimento, ricominciò a parlare: «Ho qui con me il manoscritto che abbiamo realizzato io ed Hans, e voglio con piacere esporvi il contenuto sostanziale che chiaramente traluce dalla sua scrittura. Ebbene, signori, scusate se torno ancora a ripetere che quei lunghi anni di studi scientifici e d'esperienze umane d'ogni genere, non sono stati affatto inutili. Questo lo sottolineo con fierezza estrema perché è solo grazie alla mia lunga vita sofferta, a quei semi che con esorbitante fatica ho continuamente e tenacemente gettato nel campo arato della mia esistenza, che ho potuto attingere soddisfazione e bene da quella suprema fonte di Verità da cui tutto scaturisce. Così, negli ultimi dieci anni, ho appurato con fondata certezza la realtà riguardante l'uomo e l'universo, ho individuato il luogo dove si trova la chiave per vivere bene. Tale luogo, signori, risiede essenzialmente nella logicità, nella semplicità e, dunque, nella realtà. L'uomo, in pratica, trova dinanzi ai suoi occhi due strade, l'una dell'illusione e l'altra della verità. La prima è indubbiamente la più facile, la più comoda da percorrere: è la strada dell'ignoranza, della pigrizia e dell'ozio mentale. L'altra, invece, è decisamente più ardua e scomoda: è la strada della conoscenza. Però io, a tal proposito, ho sempre tenuto ben presente il fatto che in natura ad ogni azione corrisponde una reazione uguale e contraria, ovvero, ad ogni sacrificio corrisponde una soddisfazione relativa ed adeguata. Per cui, la strada della conoscenza vale comunque la pena percorrerla dal momento che, dopo il lavoro che in essa si è svolto, madre natura paga bene i suoi dipendenti. Intendo dire, con ciò, che alla base della vita, dell'esistenza stessa dell'universo, c'è matematica e perfezione: c'è equilibrio. Di conseguenza, la conoscenza umana tanto più si evolve quanto più giunge in possesso della suddetta realtà. Essa, la conoscenza, non è altro che un sentire cosciente localizzato nella struttura mentale dell'uomo. Come d'altronde è simile ad essa il sentire coscientemente la fame, la sete, il sonno, etc. In altre parole, il sentire è da intendere quale il percepire un bisogno insorgente; bisogno che, naturalmente, necessita di un appagamento adeguato affinché si abbia a perpetuare la Vita. Noi abbiamo due tipi di sentimento: quello materiale e quello spirituale, ambedue rappresentanti dei bisogni e ambedue necessitanti di appagamento. Così, nell'uomo, i bisogni gli vengono forniti dalla natura, mentre i relativi appagamenti devono derivare dal suo lavoro mentale, dalla sua ragione e volontà. E come dire, badate bene, che la vita è data all'uomo dalla Natura, ma che il mantenimento della stessa spetta interamente a lui. E già che ci sono, voglio esporsi meglio il Concetto Universale. Orbene, l'essenza di cui è costituito tutto l'universo è perennemente uguale, e sempre la medesima: l'equilibrio e il suo mantenimento. Tale essenza risiede nel substrato delle tante forme e strutture di esistenza di ogni componente dell'apparato universale. Le forme, appunto, sono differenti e variano corporatura, composizione ed estetica in base alle infinite specie di appartenenza. Così come ad esempio le pietre, le piante, l'aria, gli animali, gli uomini, etc. sono strutturalmente diversi e nello stesso tempo uguali, cioè similmente vincolati e creati dalle stesse ferree leggi naturali di equilibrio, In definitiva, tale essenza si esprime più semplicemente dicendo che ogni forma e realtà di vita esiste e va mantenuta in tale stato. Nell'uomo, la sua esistenza viene direttamente creata dalla Natura mentre il mantenimento del suo stato viene esplicato dalle capacità coscienti e intellettive dell'individuo (SPIRITUALITA'). Nelle piante accade l'identica cosa, solo che la spiritualità viene raggiunta e realizzata istintivamente o, per lo meno, diciamo che questa è più strettamente governata dalla Volontà naturale. Negli animali è uguale, solo che tale spiritualità, probabilmente, avviene ad uno stadio più cosciente ed intellettivo delle piante. Nelle pietre si ha la stessa essenza ma, in questo caso, il mantenimento della propria struttura molecolare ed atomica è una spiritualità ancora più vicina alla volontà naturale. In pratica, allargando il discorso, potremmo dire che la preservazione della struttura e dell'esistenza dei vari elementi naturali, cioè la spiritualità, viene realizzata per lo stesso scopo ma in modo diverso. Ossia, viene effettuata in differenti livelli e gradi di coscienza intellettiva. Cosicché, ogni componente in essere possiede lo "spirito", cioè la capacità potenziale di mantenere il proprio stato di esistenza, quindi di equilibrio. Lo spirito mantiene la materia, o meglio, la vita deve essere mantenuta tale: questa è la grande Legge Universale comune a tutte le cose esistenti e soggette a perdurare nel tempo. Dedotto questo, io ed Hans avevamo posto in una luce chiara ed evidente la vera faccia di quelle due componenti umane, spirito e materia, per le quali in precedenza eravamo quasi impazziti nel tentativo stesso di conoscerle. Ciò, per noi, fu e resta una grande conquista conoscitiva perché, in pratica, è servita a porre idealmente un limite separatore tra quel che ci è dato dalla natura e quel che, invece, dobbiamo costruire noi uomini. Ci ha permesso cioè di distaccare il campo che non ci appartiene da quello che ci appartiene e spetta, le forze della natura da quelle dell'uomo. Quindi, come potrete notare, la nostra era una deduzione appurata grazie al realismo, alla semplicità ed alla logicità, e detta conoscenza possiede il pregio di averci fatto aprire gli occhi sul dovere e sul compito umano. Ci ha fatto comprendere lo scopo per cui noi viviamo e qual'è il campo su cui agire per esplicano.

Studiando e osservando al microscopio le cellule dei tessuti viventi, col tempo, avevo assimilato dunque una realtà contenuta non solo in quel determinato ramo scientifico, ma in ogni manifestazione di natura e di universo. Per meglio dire, essendomi diretto con la mia conoscenza in quel senso, per una semplice scelta personale o per altri stimoli circostanti e casuali, avevo dedotto il principio sostanziale dell'universo. Tale principio fondamentale, ripeto, può essere percepito lì dove c'è esistenza, quindi in ogni settore e in ogni campo naturale. Ebbene, esso è il concetto di equilibrio grazie al quale tutto esiste e tutto può essere mantenuto tale. Tuttavia, l'intenso riflettere e il mio lavoro di ricerca non avevano potuto addentrarsi oltre le soglie di simile concetto poiché, purtroppo, ho impiegato troppo tempo per imboccare la giusta via che conduce all'Equilibrio. È una strada, comunque, ch'io percorrerò fino in fondo, fino al mio ultimo respiro ed attimo di vita.

In definitiva, io ed Hans abbiamo iniziato un'opera di redenzione, come spero altri abbiano già fatto. E proprio per questo che noi, essendo uomini onesti ed obbedienti alla natura, rinnoviamo nel nostro libro all'uomo, ai giovani, ai vecchi, ai potenti ed ai sottomessi, l'invito a proseguire tale impresa. A chiunque noi indichiamo detta via dicendo innanzitutto che è assai importante compiere il primo passo: la separazione concettuale tra materia e spirito, tra irrazionalità e razionalità, tenendo ben presente come assoluta verità il Concetto Universale che vi ho appena esposto e il quale non è una mia opinione, né una soggettiva ipotesi, bensì una indistruttibile e sperimentabile realtà. Conseguentemente, questo primo passo di redenzione porta alla netta ed inequivocabile distinzione tra realtà ed ipotesi, tra verità ed illusione: tra bene e male. L'uomo, insomma, deve umilmente accettare la sua realtà, deve impararla a sfruttare, amare, gestire e governare. Egli deve capire di essere inferiore rispetto alla causa inconoscibile che lo ha messo al mondo. Deve avvedersi del fatto che egli è pari ad una pianta, ad un animale, ad una pietra etc., poiché tutti insieme formano l'universo. Tutti, nella loro diversità strutturale e differenza di composizione, devono raggiungere ciascuno il proprio equilibrio onde armonicamente e integralmente comporre il sommo equilibrio universale.

L'universo, infatti, è esattamente come una cellula, un atomo, nel cui interno vige armonia e giustezza, ossia perfetta contrapposizione di opportuni elementi costitutivi scelti dalla natura madre. Perciò, non ha importanza alcuna il modo o la forma che si possiede, ma è perentoriamente indispensabile adempiere tale principale funzione esistenziale che è, appunto, il raggiungimento pieno della propria realtà e del proprio equilibrio. Realismo, razionalità e buona volontà conducono la conoscenza umana, innanzitutto, di fronte all'umiltà, alla consapevolezza dei giusti limiti, delle proprie forze e dei compiti da svolgere. Ovviamente, però, detta strada di salvezza e di benessere è graduale cd evolutiva e passa per tutti gli stadi della conoscenza per poi giungere a quella grande meta che altro non è che l'obbedienza perfetta ed aderente verso chi ci ha creati. Proseguo adesso questa mia lunga allocuzione, della cui opportunità vi ringrazio, chiarendo ancor meglio qual'è la tappa ov'è arrivata sino ad oggi la mia conoscenza. E qui inizio immediatamente da quelle considerazioni che più strettamente riguardano i secolari errori umani e, pertanto, le distorsioni dall'individuo prodotte nel corso della sua contorta evoluzione storica.

Ebbene l'uomo, nel campo della scienza, della filosofia, della religione, della politica etc., si è sempre lasciato andare, si è soventemente abbandonato all'istinto, all'irrazionalità, alla non ragionevolezza realistica, ragion per cui si è continuamente aggrappato alla presunzione, alla soppressione altrui, alla forma delle cose, all'impressione sensoria, a falsi miti e, insomma, all'illusione ed all'irrealtà. Egli in pratica non ha voluto accettare la sua condizione di esistenza ritenendola oppressiva in quanto limitata e ben rigidamente stabilita.

Dopo questo primo gravissimo errore di fondo, in lui s'è andata generando una mentalità ignorante, presuntuosa ed incoerente. Una mentalità mostruosa che è stata artefice di guerre, incomprensioni, di cinici razzismi, di formalismi e via dicendo. In altre parole, l'uomo ha sbagliato imboccando la via dell'ipotesi e dell'illusione, poiché egli stesso ormai, con quella sua mentalità falsa ed erronea, si è ritrovato a vivere una realtà inesistente, dubbiosa o per lo meno dannosa per se stesso e per le altre componenti dell'apparato universo. Egli, così, non avendo mai seminato alcunché di reale, non ha conseguentemente raccolto nulla di concreto e di commestibile ma solo frutti mistificatori, fallaci e velenosi per lui come pure per gli altri. Adesso ogni forma di recupero, ogni volontà razionale e realista, si trova dinanzi una grossa barriera malefica da scavalcare. Comunque, ciò non deve fare perdere le speranze, non deve servire a giustificare alcun tentativo di non redenzione, ma deve piuttosto incitare gli uomini all'unione per poi insieme affrontare e abbattere l'enorme ostacolo dell'ignoranza e della volontà negativa di squilibrio. Quindi, dobbiamo rimboccarci tosto le maniche onde cercare anzitutto un punto che ci accomuna e che ci possa unire in un'urgente opera di comprensione. Questo, signori qui presenti, è quel ch'io voglio dire a tutto il mondo; qual'è il punto su cui battersi per costituire l'unione degli esseri e di cui io medesimo ho avvertito maggiormente la mancanza. Già, ma allora vi chiederete quale mai possa essere tale difficilissimo punto di unione. Vi rispondo, e non mi stancherà mai di ripetere, che esso altro non è che la conoscenza della realtà da raggiungere attraverso un proficuo lavoro razionale, tanto arduo quanto benefico, ed una buona volontà operativa. La conoscenza, appunto, di quel qualcosa che è matematico, certo, sperimentabile. E proprio questo il fulcro della questione umana, aggrapparsi cioè ad un qualcosa di inequivocabile su cui non possono esistere teorie divergenti o ipotesi inconfermate e inconfermabili. Come ho già detto nel corso di questa mia esposizione e come ora torno a dire, l'uomo deve assolutamente distinguere il campo del verificabile da quello inverificabile perché solo così potrà unanimemente convenire ad una finalmente giusta moralità basata essenzialmente sul mantenimento della vita umana e dell'esistenza di tutte le componenti universali, vertente insomma sul benessere. Deve essere infatti tale termine a porre come motivo stimolante dell'agire umano non più falsi miti e teorie bensì la Vita stessa. Solamente così l'amore per gli altri ha un senso vero ed efficace, non più dunque un astratto amore divino che nulla paga su questa terra, ma un interessamento altrui vicendevolmente fondato, nonché concreto e produttivo. Insomma, le mete che l'uomo deve prefiggersi di raggiungere devono essere necessariamente possibili, ossia devono trovarsi in terra anziché in cielo. Sull'esistenza di dio, su come egli sia fatto, su come ragioni, su quanti capelli possieda etc., vi sono infiniti dubbi del tutto irrisolvibili; dubbi causanti mentalità e credenze ipotetiche divergenti le quali, come spesso accade, sono motivo di litigi, di odio, di astio, di guerre e perciò di morte innaturale. Ad esempio, sul fatto che un bicchiere di vetro, posto a 100 metri di altezza, è soggetto a precipitare ed a rompersi, non esiste che una sola idea, opinione e certezza universale. Una certezza che, se al momento non la si possiede, per vari motivi, è però una verità acquisibile con la ragione, la vista, il tatto e l'udito, insomma con la conoscenza umana. Da qui non potrebbero derivare guerre, né conflitti ideologici ma solamente comunione, comprensione e amore. In definitiva, ecco come è possibile separare la realtà dall'ipotesi, lo sperimentabile dall'insperimentabile: il bene dal male.

Concludo dicendo che l'uomo conosce solo l'espressione concreta e logica di ciò che effettivamente crea e regola i processi universali, viventi e non viventi. Egli non ha mai fatto e non farà mai dei reali passi avanti verso la scoperta metafisica del mondo. Questo già da tempo lo sospettavo, ma adesso ne sono più che certo e lo sarò fino a quando l'uomo sarà uomo e il mondo sarà mondo. Sì! Sono più che convinto dell'impossibilità umana in questo senso e di quanto assurdo e presuntuoso sia il ritenersi ciecamente sicuri di una ipotesi insperimentabile. Spesso si dimentica che noi siamo il "creato" e non il "creatore". Siamo stati e saremo sempre, almeno finché viviamo, pervasi da incertezze e dubbi circa la conoscenza di quel creatore. Al massimo ne possiamo dedurre l'esistenza ma non certo il nome la forma, il colore, la mentalità, l'età, etc. Quando completai il libro mi trovai proprio di fronte a questa realtà umana e perciò ritenni logico e naturale intitolarlo Il grande dubbio. Ma già che ci signori, vorrei aggiungere e precisare un ultimo concetto giacché è per me questa, forse, l'ultima occasione per farlo. Vorrei parlarvi, cioè, dell'attuale stratificazione del genere umano. Essa si compone, in pratica, del piccolo pensatore o meglio il materialista, il non riflessivo, il quale non si pone domande riguardanti il campo della metafisica; del falso pensatore che, a differenza del primo, tali domande se le pone ma ad esse risponde ipoteticamente e con soggettiva certezza; e, infine, del grande pensatore il quale si pone più domande degli altri circa tale mistero, alle quali però sa di poter rispondere solo con delle semplici supposizioni e delle quali egli si serve per mettere meglio in risalto l'impenetrabilità di detto mistero».

97

Terminata la locuzione di Mark, si alzò dal mezzo della folla presente in tribunale un tizio alquanto insolito fisicamente. Costui presentava un capo piuttosto grande ed aveva una certa difficoltà a compiere alcuni movimenti. Alzatosi in piedi, si rivolse a Mark dicendo:

«Signor Mark, quello che lei ha detto è giusto e ne convengo perfettamente. Ho passato una vita triste. Quel poco di allegria che ho ricevuto è stata solo merito di un mio grande sforzo interiore. Anch'io ho scelto la via del profondo cercando di ignorare il più possibile le formalità e l'estetica delle cose e, nonostante ciò, ho duramente subito la dolorosa influenza della materia. A contribuire a tale mia sofferenza morale, dovuta alla deformità fisica, giocava un ruolo molto importante il comportamento razzista degli altri, che lei pure ha descritto così limpidamente. Per questo la capisco benissimo, tanto più che quando raccontava la sua storia interiore sembrava che stesse raccontando la mia. Sono talmente convinto della spiritualità e della bontà che ambedue propugnano che non serbo alcun rancore nei suoi riguardi per aver ucciso mio padre».

A queste parole Mark reagì con un grandissimo stupore perché istantaneamente capì che quel signore era Manfred Neumann. Dopodiché questi riprese a parlare rivolgendosi ancora a Mark:

«Vede, signor Silbermann, io non l'ho conosciuto mio padre, eppure so bene che era perfido; mia madre mi parlava spesso delle loro liti. Era sempre lui ad iniziare e senza validi motivi. La cattiveria gli si leggeva nell'espressione degli occhi. A volte le faceva anche del male, tant'è vero che un giorno la mandò persino in ospedale per trauma cranico perché le aveva sbattuto la testa al muro, e ciò per semplice orgoglio».

Grande meraviglia si leggeva nei volti attoniti dei presenti. Ma, senza dubbio, era stato questo un processo dallo svolgimento inedito, decisamente anomalo. Alla fine riparlò il giudice il quale, prima tossì più volte e, poi, con disinvoltura portò la mano agli occhi: «Ed ora, signori, il verdetto. Allora... Resosi colpevole il Signor Mark Siibermann per aver commesso premeditatamente un omicidio, la legge esprime la sentenza di condanna nei suoi confronti, consistente nella pena a vita della carcerazione».

Silenzio in aula ed egli continuò:

«Adesso, però, la prego vivamente di depositare qui il suo grande libro affinché il suo contenuto esca da questo tribunale e si diffonda tra l'intera umanità. Provvederò infatti io stesso a farlo pubblicare, sempre se lei accetta. E questo perché desidero ringraziarla per l'opera da lei svolta in senso di bontà e di umanità, nel modo che mi è possibile e consentito. Inoltre, perché sono convinto che *Il grande dubbio* è molto più di una semplice storia e che la testimonianza in esso contenuta è destinata a penetrare nel mondo con illuminata saggezza, oltre che a evidenziare ancor più cognitivamente la sostanziale differenza tra i due modi di essere UOMINI!».

FINE

(Segue...)

99

CONSIDERAZIONI FINALI RIASSUNTIVE DELL'AUTORE

La Natura, intesa come una qualsivoglia realtà assoluta e superiore, causa dell'effetto che è l'esistenza universale, ha delineato e definito chiaramente il suo creato. Ella, in pratica, ha dato ad esso una realtà esistenziale che affonda le sue radici nell'equilibrio, ovvero, in quel perfetto sincronismo funzionale che è fatto comune e causante dell'intero orologio che è l'universo delle cose. In tale orologio tutte le parti meccaniche, fisse (esseri non viventi) e mobili (esseri viventi), hanno la stessa importanza ai fini del giusto ordinamento dell'apparato universo. Detti elementi, nel conservare la propria struttura esistenziale e nell'esplicare il proprio lavoro nell'ambito dell'orologio medesimo, divengono essi stessi equilibri e, pertanto, insieme contribuiscono alla 'formazione e al mantenimento del complessivo Equilibrio Universale. Essi, in definitiva, svolgendo a dovere il compito loro assegnato, irradiano positivamente il beneficio e il vantaggio della propria perfezione funzionale a tutti gli altri componenti circostanti, generando così un ben proficuo scambio d'energie.

L'uomo è un semplice meccanismo rotante del grande orologio ora citato, il quale però si è rifiutato di funzionare a dovere venendo così a causare una graduale e sempre crescente disgregazione di equilibrio. In tale modo egli è giunto ad un estremo limite di follia, al fondo di un pericoloso buco scavato nella pericolosa terra del male, ed ha condotto se stesso e gli altri elementi universali dinanzi ad una drammatica, probabile e potenziale distruzione definitiva e totale (MINACCIA ATOMICA). Questo è stato essenzialmente il cattivo frutto dell'ignoranza degli individui e non deve stupire il fatto che simili deviazioni abbiano fatalmente segnato la grandissima condanna di cui s'è detto.

L'uomo ha stupidamente rimosso la propria condizione esistenziale, come se non lo riguardasse affatto, rigettandola in second'ordine, in un secondo o forse ultimo piano di valori, fino ad arrivare ai punto di ignorarla. Adesso, di fronte a quell'estremo limite, oltre il quale non c'è che guerra, annientamento e morte, egli deve urgentemente prendere coscienza di tutto ciò. Deve imminentemente arrestare l'immonda pratica del suo errare, le cui nefande responsabilità ricadono solo su di lui. Deve, per rispetto verso gli altri e la Natura che lo ha creato, ricongiungersi in armonia con l'universo, il che vuoi dire che deve perentoriamente mettersi a funzionare in maniera debita e positiva, finalmente benefica. E funzionare, per lui, non ha altro significato se non quello di ragionare in senso accrescitivo, di costruire e conoscere. Per fare questo, ovviamente, deve dirigere la propria mente più vicino a sé di quanto non abbia fatto fino ad ora, distruggendo ed abbandonando non la propria competente realtà, bensì le realtà incompetenti troppo lontane e irraggiungibili, ossia quelle che per lui sono soltanto illusioni, ipotesi e fantasie.

L'uomo, in pratica, non ha accettato mentalmente l'idea che la sua condizione esistenziale è rigidamente limitata, nonché inferiore alla Causa Assoluta che lo ha generato. Cioè, la sua presunzione e la sua ignoranza, in senso di realtà, lo hanno spinto a credere ch'egli può e addirittura deve giungere alla completa conoscenza, la quale comprende anche quel mistero che nulla ha a che fare con la sua specifica e confinata sfera di competenza. E di fatto, egli ci ha provato ripetutamente ed ancora ci prova, talvolta usando la ragione (SCIENZA), talvolta l'immaginazione (SUPERSTIZIONE) o la fede (RELIGIONE). Se, per esempio, il termine B in matematica è contenuto nel termine A, nel senso che scaturisce da questo, è matematicamente e inconfutabilmente certo che B è minore di A. Da ciò ne consegue che. B non potrà mai, finché ovviamente permarrà ad essere B, assumere lo stesso valore di A da cui è derivato (per comprendere meglio tale significato allegorico, basti pensare agli insiemi numerici). Insomma, l'uomo, che rappresenta il termine B, ha sempre tentato — come ho già detto — di pervenire alla conoscenza totale di A, sino a voler assumere le sue stesse caratteristiche formali e numerali. B possiede una sua ben circoscritta realtà entro cui c'è tutto quel che gli serve per realizzarsi integralmente ed esistere nel modo perfetto e dovuto. La possibilità che lui ha di osservare e rendersi cosciente della propria verità, nonché di quella degli elementi che gli stanno intorno, può indurlo a dedurre, a livello razionale, solo l'esistenza di un'Entità suprema generatrice non precisata (e per lui mai precisabile).

Questo è assolutamente normale in quanto, nella nostra realtà, ad ogni effetto corrisponde una causa primaria. Ciò vuoi dire che il fatto di aver dedotto, da parte di B, l'esistenza di una certa grandezza originaria (A) non significa affatto che si tratti di una creazione illusiva ed ipotetica, né azzardata, ma è piuttosto una semplice constatazione obiettiva, realista e razionale, avvenuta nell'interno stesso della concretezza. Pertanto, detta consapevolezza è il massimo grado cognitivo cui si possa giungere in questo senso; il limite oltre il quale B mistifica la sua vera identità e dimensione, alterando conseguentemente la propria specifica realtà e quindi il proprio equilibrio. Per capire tutto ciò bisogna essere umili e coscienti abbastanza da riconoscersi in B, ovvero, bisogna ammettere di essere creature di A e non suoi consimili e riconoscere quindi la propria inferiorità rispetto a quella suprema Entità. Inoltre, la realtà concreta e matematica che ci circonda ci fa chiaramente capire che B è stato creato da A non perché si staccasse dalla sua condizione ed assumere l'identità del creatore, il che è appunto incoerente ed imperfetto, ma perché esplicasse compiutamente la funzione assegnatagli nell'ambito della sua determinata realtà precostituita onde raggiungere lo scopo di realizzarsi integralmente. Voglio puntualizzare, a tal proposito, che "realizzarsi integralmente" equivale a esprimere, nelle mie intenzioni, il concetto di "realizzazione piena e completa della Volontà di chi lo ha generato".

Per concludere, intendo sottolineare ancor meglio che questo mio libro vuole essere essenzialmente un aiuto concettuale valido ed efficace per l'intera umanità. Vuole irradiare un messaggio di Vita e di vero Amore, insomma, tende a stimolare tutti gli esseri affinché compiano insieme il primo passo verso la redenzione dal male che essi hanno prodotto e verso l'equilibrio. Un passo nuovo, più Rivoluzionario di tutte le rivoluzioni fino ad ora conosciute, più Religioso di tutte le religioni fino ad oggi professate, più Vero di tutte le verità fino ad ora dannosamente teorizzate. Un passo senz'altro difficile da compiere, ma divenuto oramai indispensabile se si vuole veramente mettere riparo ai madornali errori umani: il passo della prima fase di quell'intero processo di concretizzazione che è il delineamento della nostra autentica e benefica Realtà.

L'UOMO È CONCRETO E DA QUESTO CAMPO DEVE EGLI TRARRE, CON LA PROPRIA OPERA RAZIONALE, IL PANE PER LA SUA ALTRETTANTO CONCRETA FAME.

L'IGNORANZA NELL'IGNORANZA CREA PRESUNZIONE E INCONCRETEZZA. LA SAPIENZA NELL'IGNORANZA CREA UMILTÀ E CONCRETEZZA.

Salvatore Marino

youcanprint.it

Finito di stampare nel mese di Maggio 2015
per conto di Youcanprint *self - publishing*